九州故事

上册

秦 菁 编著

四川大学出版社

特约编辑:张 慧
责任编辑:欧风偃
责任校对:黄蕴婷
封面设计:木之雨工作室
责任印制:王 炜

图书在版编目(CIP)数据

九州故事 / 秦菁编著. —成都:四川大学出版社,
2018.5
　ISBN 978-7-5690-1893-6

　Ⅰ.①九… Ⅱ.①秦… Ⅲ.①中华文化-小学-课外
读物 Ⅳ.①G624.203

中国版本图书馆 CIP 数据核字(2018)第 116578 号

书 名	**九州故事**	
	Jiuzhou Gushi	
编 著	秦 菁	
出 版	四川大学出版社	
地 址	成都市一环路南一段 24 号(610065)	
发 行	四川大学出版社	
书 号	ISBN 978-7-5690-1893-6	
印 刷	成都市金雅迪彩色印刷有限公司	
成品尺寸	184 mm×260 mm	
印 张	12.75	
字 数	186 千字	
版 次	2018 年 7 月第 1 版	
印 次	2018 年 7 月第 1 次印刷	
定 价	39.80 元(上、下册)	

◆读者邮购本书,请与本社发行科联系。
　电话:(028)85408408/(028)85401670/
　(028)85408023 邮政编码:610065
◆本社图书如有印装质量问题,请
　寄回出版社调换。
◆网址:http://www.scupress.net

序

　　我们应该成长为一个真正的中国人。这里的"中国人"不止是一个民族的概念，更多的是一个文化的概念。古往今来，我们周边很多民族不断接受中国文化，不断进行文化融合，最终成为文化意义上的中国人。中华优秀传统文化，是中国人的根和魂。我们要成为真正的当代中国人，就要虚心学习传统文化，并与时俱进，努力实现优秀传统价值的当代转换。

　　"四味书屋"择取优秀传统文化精髓，从"语言、思维、文化、审美"四个维度切入传统文化学习，意在培养中国精神和中国情趣，也与语文学科的核心素养不谋而合。阅读和学习这套丛书，不但能传承传统文化精神，也能极大地提升学生的语文素养。丛书的编排体系顺应了学生认识发展的规律，从"万方名物"到"百家金言"，这就是从"识字"到"通经"；从"千秋诗歌"到"一贯文章"，这就是从内在的诗教熏陶到外显的丰富表达。本丛书内容不多，精要精致，可谓体不大而虑甚周。

　　我读过许多国学读本，但鲜有像这套丛书这样精当而切实的。在此对本丛书的作者们表示敬意，也希望这套丛书能够被读者普遍接受，为"立德树人"的中国教育发挥出应有的价值。

成都市教科院国学研究室主任
成都文理学院特聘教授

前言

一个人在幼年所积累的文化根基，将成为他终生倚靠的文化能力。传统文化，是在濡染和引导中浸入孩子的心灵的。

由充实的传统文化内容、开阔的视野、发展的眼光、积极的思维习惯、优秀的民族精神构成的人文品质，在现代社会显现出柔韧而深厚的文化能力，是新一代人才最具竞争力的能力，也是中华民族立足于世界民族之林的基石。

"语言、思维、传承、审美"，领会并运用语言，发展并优化思维，理解并传承文化，鉴赏并创造美，是文化培养的四种核心素养，此为传统文化之"四味"也。

面对浩瀚的传统文化，机械的复古不能应对现代社会的现实问题，缺乏历史基础的盲目创新不能解决由历史叠加起来的实际问题。因而，将传统文化与现代学习方式和人才选拔制度有机结合就显得至关重要。

以传统文化为基础，适应现代社会的人才选拔要求，对传统文化去粗存精，进行与时俱进的选择，开放性、发展性的学习和思考，就是"四味书屋"国学丛书的基本特征。

● 丛书内容

1. 万方名物

介绍自然和社会中的物象以及与物象对应及相关的名称、词语、故事、诗句，实现孩子对物象的认知及与物象相关的语言词汇的积累。

2. 九州故事

介绍人物、故事、历史常识和文化常识，实现孩子对人物、故事、历史常识及文化常识的积累，对中国传统人文精神的了解和领会。

3. 千秋诗歌

介绍与人物、花鸟、环境、天象、季节、生活等相关的诗歌，实现孩子对景象、诗句、情感的积累，对中国传统美的感受和欣赏。

4. 百家金言（待出版）

把中国传统思想和思维方式灌注于明白晓畅的故事中，让孩子在故事中领会切实丰厚的民族智慧。通过故事和思想的关联性思考，建立起由事及理的思维习惯，让学生形成对现象的分析思考能力，准确领会和清晰表达观点、思想。

5. 一贯文章（待出版）

形成语言、文学能力和文化精神的知识板块，整合信息、语言、技巧和思维四大阅读写作基本要素，从物象、语言、历史、民俗、文化等各个维度规划语文学习的方向和方法。形成阅读写作综合能力，对整个语文学习生涯以及终生阅读方向进行整体规划和引导。

"万方名物"教学生认识事物，旨在物象的积累；"九州故事"乃历史的指引，旨在人事的认识；"千秋诗歌"是中国语言文化的浓缩表现，旨在审美趣味培养；"百家金言"则着力于思维习惯的培养和思想观点的清晰表达；"一贯文章"则是对中国文化丰富性、多样性的一个整体认识。丛书分五部分做到对国学内容的基本覆盖，实现对传统文化的系统性学习和人文精神的培养。

● 丛书特征

1. 结合现今的语文教学体系，着眼于文字和语言本身，以认知事物、辨识文字、聆听故事、了解人物、欣赏美文、感知历史、体会民风的方式，打下最真实的传统文化基础，构筑语言文化的再生能力，也即语言能力。

2. 从阅读写作能力培养的角度来选择篇目和编写内容，作用于阅读写作的能力培养，是与阅读写作和谐统一的国学书籍。

3. 与小学语文学习的阶段相匹配，同步进行字、词、句、篇的引导学习。配合小学生各个年级学习进度，既是学生循序渐进的传统文化学习教程，也可以作为学校的国学课教程。

4. 从文化核心素养的全局着眼，不是断层的阶段性知识灌输，而是整个文化学习生涯的知识范围引导，人文基础、文化背景的构建，思维习惯、表达习惯的训练。

● 总　结

厚积薄发是我们这个内敛的民族秉承的气度。"四味书屋"编写团队成员包含大学、高中、初中、小学各个阶段的老师，都是兢兢业业从事教学或教学研究的教师，我们一起追本溯源，关注教育行走最初的对象——孩子，脚踏实地地教学和研究。

"四味书屋"编写团队深信：对这套书每一页的学习，都是向蒙昧生命投射的一丝光亮；对这整套教程的学习，则是开启智慧生命的门户，走向丰富高贵的人生的通道。

本套丛书得到了重庆市渝中区文化委的重视和支持，被列为渝中区文化产业专项资金项目。在此，四味书屋团队衷心感谢重庆市渝中区文化委！中华文化千百年来的承继和发展，正是因为从来都不缺乏以务实精神担当责任的引领者。

我们深信：我们的每一步努力，都将融入中华民族前进的洪流。

秦　菁

CONTENTS
目录

九州故事（上册·历史）

第一章　三皇之初

 经典溯源

1. 伏羲降生

有巨人迹出于雷泽①，华胥以足履②之，有娠③生伏羲于成纪④，蛇身人首，有圣德。（皇甫谧《帝王世纪》）

伏羲造书契以代结绳之政⑤。始制嫁娶，以俪皮⑥为礼。结网罟⑦以教佃渔⑧，养牺牲⑨以庖厨。作三十五弦之瑟。立一百一十一年崩。（司马贞《三皇本纪》，有删节）

【释读】

有个巨人的脚印出现在雷泽，华胥氏用脚去踩了这个脚印，然后就有了身孕，在成纪生下了伏羲。伏羲有蛇的身体人的脑袋，还有圣明的德行。

他创造了文字，用来替代在绳子上打结的记事方法。伏羲制定了人类的嫁娶制度，用成对的鹿皮作为结婚的聘礼。他结网来教民众捕鱼、打猎，畜养动物来供厨房宰杀、食用，他制作了三十五根弦的琴瑟。他活了一百一十一年后死去。

【注释】

①雷泽：沼泽名称。
②履：音 lǚ，踩，走过。
③娠：音 shēn，怀孕。
④成纪：古地名，传为今天的甘肃天水。
⑤结绳之政：用绳子打结的方法。
⑥俪皮：俪，音 lì，成对的鹿皮。
⑦网罟：罟，音 gǔ，捕鱼及鸟兽的网状工具。
⑧佃渔：佃，音 tián，猎兽和捕鱼。
⑨牺牲：牲畜。

2. 神农尝百草

炎帝神农氏，姜姓。母曰女登，有娲氏之女。感①神龙而生炎帝，人身牛首。曰炎帝，以火名官。斫②木为耜③，揉木为耒④，耒耨⑤之用，以教万人。始教耕。故号神农氏。于是作蜡祭⑥，以赭鞭⑦鞭草木。始尝百草，始有医药。又作五弦之瑟。教人日中为市，交易而退，各得其所。遂重八卦为六十四爻。初都陈，后居曲阜。立一百二十年崩。葬长沙。（司马贞《三皇本纪》，有删节）

【释读】

　　炎帝神农氏，姓姜。他的母亲叫女登，是有娲氏的女子。一天在玩耍时，她忽然看到天空中金光闪闪，一条巨龙腾空而下，她的身体马上有了感应，就怀孕了。一年零八个月后，女登生下一个男孩，他长着人的身体，牛的脑袋。他长大后，人们称他为"炎帝"。他用火来给官员命名。他砍凿木头作为耜，弯折树木作为耒，使用耒耜耨具挖地除草，把耕种方法教授给万民百姓，万民才学会耕种。因此，他被称为神农氏。于是，他举行年末的祭祀活动。他用红色的神鞭鞭打草木来辨识草木是否有毒，他还亲自试尝百草，来辨别各种草木的药性。他发明了五根琴弦的琴，还教会人们在中午互相交换物品，人们交换物品之后各自散去，都得到了自己想要的东西。接着他将八卦重叠推演出 64 卦。他开始在陈地建都，后来定居在曲阜。他活了 120 年去世，埋葬在长沙。

【注释】

①感：感应。
②斫：音 zhuó，砍、削。
③耜：音 sì，原始农具"耒耜"的下端，形状与今天的铁锹和铧近似。
④耒：音 lěi，原始农具"耒耜"的木把。
⑤耨：音 nòu，原始农具，功用为除草。
⑥蜡祭：蜡，音 zhà，先秦时年终大祭，以捕获的禽兽作牺牲祭祀祖宗。
⑦赭鞭：赭，音 zhě，赤色的鞭子，传说中能辨草木有毒无毒的宝物。

3. 仓颉造字

上古仓颉，乃轩辕黄帝之史官也，生而齐圣①，有四目。观鸟迹②虫文③始制文字以代结绳之政，仓颉之初作书，盖依类象④形，故谓之文；其后形声相益⑤，即谓之字。昔者仓颉作书而天雨⑥粟，鬼夜哭。造化不能藏其秘，故天雨粟；灵怪不能遁⑦其形，故鬼夜哭。（节选并删节整理自《万姓统谱·卷五十二》《说文解字》《淮南子·本经训》）

【释读】

上古时期的仓颉，他是轩辕黄帝的史官。生下来就有举止得体、通达事务的本领，他有四只眼睛。他观察鸟的痕迹虫的纹理，才开始创制文字来代替结绳的记事方式。仓颉开始创造文字时，是按照物类画出形体，所以叫作"文"；随后又造出形声字，以增加文字的数量，这些文字就叫作"字"。过去，仓颉创造文字时，天上掉下粟米来，鬼怪在夜晚号哭。大自然不能隐藏它的秘密，因此天上掉下粟米来，鬼怪不能隐藏他们的形体，因此夜晚号哭。

【注释】

①齐圣：齐，合适，举止得体；圣，通达，对所有的事物都了解。

②迹：痕迹。

③文：纹理、花纹。

④象：模仿。

⑤益：增加。

⑥雨：像下雨一样从天上往下掉。

⑦遁：音 dùn，隐藏、躲避。

识文解字

字　形	夈　夈　系　系
偏　旁	纟
字　音	xì jì
本　义	一只手抓着两缕丝。挂、悬。
引申义	栓绑，相继，连接，（连接在一起的）系统。
相关字	线、结、经、绑、组。
词　语	干系：牵涉到责任的关系。能引起纠纷的关系。 世系：家族世代相承的系统。
成　语	不系之舟：没有用绳缆拴住的船。比喻漂泊不定的生涯，也比喻无拘无束的身体。 解铃系铃（解铃还须系铃人）：比喻谁惹出来的麻烦，还得由谁去解决。

融通运用

一、读一读

读　书

　　我大概是五六岁开始识字读书的吧，到此刻已有30余年了。这30多年来大都有书与我相伴，不曾分离，但其间读书的地点、心境与感受多有不同。

　　幼时读书，多是在自家门口。那时大人到田里劳作，常留下我在家中看门，大多的日子我常坐在自家门前看姐姐买来的小人书打发漫长的时日。此刻还能记着那些小人书的题目及内容，如《哪吒》《齐天大圣》《英雄王二小》等。

　　上中学时，识的字多了，看的书也越来越多。有时上课偷偷地看，提心吊胆地怕被老师发现。有时几经周折借到一本好书，又要上课，又要帮大人干活，急得不得了。那时想，要是有一天不用上课，不用做事，让我好好看一天书该多好呀。

之后我也开始买书，于是便盼望能有个书架，有个自己的书房那该是多大的幸福呀。高三，我做了一个简易书架，把自己买的书都放上去，心里美滋滋的。有时坐在桌前，看着书架里的书，觉得那就是自己的财富。之后，我在家读书时，多坐在桌前。

我大学的辅导员叫纪永贵，他不仅外表风流倜傥，学识也渊博。那时他大概30刚出头吧，高高的个子，戴一副眼镜，言谈之中透露着一种儒雅之气，我们觉得他是中文系乃至全校的美男子。纪老师酷爱读书，有一次，我到他家去，看到他的书房里，两个精美的书架，摆着满满的书。墙上贴着一幅字"秉烛斋"，我想那就是他书房的名字了。他教我们唐代文学，有时也给我们讲《红楼梦》，受他的影响，那时我读了不少唐代作品，除了唐诗还有唐传奇。课余时间，又读了几遍《红楼梦》。

刚工作时，单位给了一间住房，我将其一分为二，一半做客厅一半做卧室兼书房。房间虽不大，安排倒也简洁干净，工作之余就在书桌前读读书，看看报纸，打发了好多寂寞的时光。"室雅何须大，花香不在多"，真的，到此刻我还怀念那一段日子，忙碌、充实、宁静而完美。

我真正拥有一间书房是在结婚后。婚前，妻问我要买哪些家具，我说我只要一个书柜，一个书桌足矣。书柜是我们在店里看好后请人仿照做的，书桌是我们花了500多元从店里买的。结婚后很长一段时间，我把书房布置得舒服漂亮，没事的时候就在房内转悠，看自己的书架，书桌，想想自己最终有了一间属于的书房，幸福得不得了，想，该好好读书了吧。但以后的日子，不知怎么似乎越来越忙了，书桌，书架蒙了一层灰尘，好久才擦拭一下。

此刻，我也经常读书，但多是在床头，夜晚睡意未袭之时，凌晨天色未明之际，倚在床头，翻几页书，也是一种享受。

其实，只要有读书的心境，我想读书也不必要有书桌、书房吧。

1. 你从文中哪些描写中，感受到了学生时期的"我"非常喜欢读书？

2. 买家具时，作者为什么说"只要一个书柜，一个书桌足矣"？

3. 对作者而言，读书的"心境"是什么？

二、写一写

☆习作要求

伏羲、神农、黄帝是传说中的神话人物，你还在别的书上看到过什么神话人物，写写你喜欢的那个他（她）吧。题目自拟，300 字左右。

☆习作方法

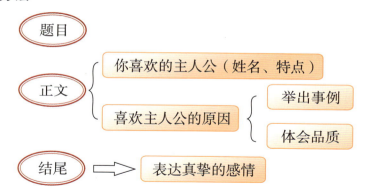

☆习作标准

（1）条理清楚，叙述清晰，无错别字。

（2）有明确的和人物品质相关的词语（勇敢、勤劳、坚强、创新等），围绕品质写一写。

（3）感情真挚。

名言警句

1. 笔落惊风雨，诗成泣鬼神。（杜甫《寄李十二白二十韵》）

2. 寄意寒星荃不察，我以我血荐轩辕。（鲁迅《自题小像》）

释 读

1. 看到你落笔，风雨为之感叹；看到你的诗，鬼神都为之感动哭泣。

2. 这份情感寄托给天上的星星，却没有人明了，我发誓要将我的一腔热血用来报效我的祖国。

三、想一想

1. 说一说文字的好处。

2. 中华民族自称"炎黄子孙"，这个名称怎么来的？

三字经

经子通，读诸史。考世系，知终始。

自羲农，至黄帝。号三皇，居上世。

第二章　二帝之始

经典溯源

1. 尧帝出生

母曰庆都，生于斗①维②之野，常有黄云覆③其上。及长，观于三河，常有龙随之。一旦，龙负④图而至，其文⑤要⑥曰："亦受天祐。"眉八采，须发长七尺二寸，面锐上丰下，足履翼宿。既而阴风四合，赤龙感⑦之。孕十四月而生尧于丹陵，其状如图。及长，身长十尺，有圣德，封于唐。梦攀天而上。（《竹书纪年》）

【释读】

尧的母亲名叫庆都，出生在斗星对应的原野。她的头顶上常常有黄色的云笼罩着她。她长大后，在三河上游览观光时，常常有龙跟随着她。一天早上，龙背着一张图到她面前，图上写的字大意是：你也是受上天护佑的。画上有一个红色的人像，这个人像脸形上部尖锐下部丰满，眉毛有八种颜色，头发长七尺二寸，脚上踩着翼宿（星宿名）。接着四周涌起一阵阴风，有一条赤色的龙出现了，庆都有了感应，怀孕了。怀孕十四个月后，在丹陵生下了一个儿子，儿子长得和图上画的人一模一样。他长大后，身高有十尺，有圣明的德行，在唐（地名）建立封地，他后来被称为唐尧。他有一天梦见自己攀附苍天飞升而上。

【注释】

①斗：星宿名。
②维：系物的大绳子。此处指"相关""相对应"。
③覆：盖，笼罩。
④负：背负。
⑤文：文字。
⑥要：大意。
⑦感：感应。

2. 舜帝避难

舜父瞽叟顽[1]，母嚚[2]，弟象傲，皆欲杀舜。舜顺适不失子道，兄弟[3]孝慈[4]。欲杀，不可得；即求，尝[5]在侧。

瞽叟尚复欲杀之，使舜上涂[6]廪，瞽叟从下纵火焚廪[7]。舜乃以两笠自扞[8]而下，去，得不死。后瞽叟又使舜穿井，舜穿井为匿空旁出[9]。舜既入深，瞽叟与象共下土实井，舜从匿空[10]出，去。（《史记·五帝本纪》）

【释读】

舜的父亲瞽叟愚昧，母亲顽固，弟弟象桀骜不驯，他们都想杀掉舜。舜却恭顺地行事，从不违背为子之道，友爱兄弟，孝顺父母。他们想杀掉舜的时候，就找不到他；而有事要找他做的时候，他又总是在身旁侍候着。

瞽叟仍然想杀舜，他让舜登上屋顶去用泥土修补谷仓，瞽叟却在谷仓下面放火焚烧。舜用两个斗笠保护自己，举着两个斗笠像长了翅膀一样跳下来，逃走了，才得以不死。后来瞽叟又让舜去挖井，舜挖井的时候，在侧壁凿出一条暗道通向外边。舜挖到深处，瞽叟和象一起往下倒土填埋水井，想把舜埋在里面，舜从旁边的暗道出去，又逃走了。

【注释】

①顽：冥顽，愚昧。
②嚚：音 yín，意思是愚蠢而顽固。
③兄弟：对待弟弟像当哥哥的样子，意思是爱护弟弟。
④孝慈：孝敬父母。"慈"，指双亲。
⑤尝：通"常"，即经常。
⑥涂：用泥涂抹。
⑦廪：音 lǐn，盛放粮食的仓库。
⑧扞：音 hàn，保护。
⑨旁出：从一侧通向外面。
⑩匿空：匿，音 nì，暗孔，暗道。

 识文解字

字　形	相（字形演变：甲骨文、金文、小篆、楷书）相
偏　旁	木
字　音	xiàng　xiāng
本　义	用目看木，细看，观察。
引申义	样貌、帮助、辅佐、宰相、互相（看与被看）。
相关字	像，用模仿、比照等方法制成的人或物的形象。 画像、录像、偶像。
词　语	相面：观察人的面貌来推测吉凶。 福相：未来有福分的长相。
成　语	相时而动：观察时机，针对具体情况采取行动。 唇齿相依：嘴唇和牙齿互相依存。比喻彼此互相依存，关系十分密切。

 融通运用

一、读一读

碗中有乾坤

很多年前，我到捷克旅行，有个真实的小故事，深深触动了我的心。

当时，这个封闭多年的国家刚刚开放，物资匮乏，而香蕉正是昂贵的舶来品，因此水果摊子上的香蕉是拆成一根一根摆着卖的。

有一回，他带有余钱，决定买根香蕉给年过八旬的老妈妈解解馋。老妈妈看到那根黄澄澄的香蕉，双眼立刻绽放出快乐的亮光。然而，看着、摸着，终究不舍得吃，趁儿子不注意，悄悄地藏了起来。傍晚，孙子放学回来，她才一脸喜色地拿出来，给他。孙儿看到这根宛若天上弯月的香蕉，两眼倏地射出兴奋的光芒。他看着、摸着，竟也不舍得吃。天亮时，在工厂值夜班的

母亲回来了，他才满脸得意地拿出来，给她。母亲看到这根珍品般的香蕉，双眸霎时流出了温柔的笑意，看着、摸着，无论如何也不舍得吃。等到辛劳的丈夫回家后，她才献宝似的将香蕉拿给他。一家之主看到这香蕉经过"九曲十八弯"，又回到自己手上来，眼泪不由得涌上了眼眶。于是他拿出一把刀子，将它切成几段，全家老幼分着来吃。

触动我的，是故事里的"敬老"的概念和"分享"的哲学；感动我的，是好像强力胶一般把家庭成员粘在一起的那份浓浓的爱。

1. 香蕉经过了哪些"九曲十八弯"？

   _____

2. 大家为什么都不舍得吃这根香蕉，而想要让给别人？

   _____

3. 在你的生活中，你通过哪些事情感受到了家庭成员之间浓浓的爱？请举出一个事例。

   _____

二、写一写

☆习作要求

"三人行必有我师焉"，你发现了你身边的人的某些优点吗？你有向你身边的人学习的经历吗？记叙一个这样的事例吧。题目自拟，300 字左右。

☆习作方法

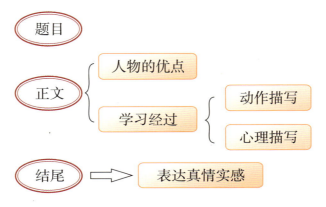

☆习作标准

（1）语句通顺，条理清楚，事例具体。

（2）无错别字，无病句。

（3）借助动作描写和心理描写来写出爱学习的具体事例。

（4）表达自己真挚的感情。

三、想一想

我们为什么被称为"龙的传人"？

三字经

唐有虞，号二帝。相揖逊，称盛世。

第三章　三王兴衰

经典溯源

1. 鲧禹治水

【释读】

　　大水漫上天际，鲧盗取了天帝的息壤来堵塞洪水，违抗了天帝的命令。天帝让祝融在羽山的郊外杀死了鲧。鲧死之后，尸体一直不腐烂，他的肚子还越来越鼓。人们拿剑剖开他的肚子，里面居然跳出一个小孩子来，这就是禹。此时洪水依然恣肆蔓延，因为禹的父亲鲧是治水而死的，

【注释】

①鲧：音gǔn，人名，大禹的父亲。

②帝：指天帝。

③息壤：一种神土，能够不停地生长。息，生长的意思。

④堙：音yīn，堵塞。

⑤祝融：火神之名。

⑥羽郊：羽山的近郊。

⑦复：同"腹"。鲧死三年，尸体不腐，有人刀剖鲧腹，禹乃降生。

　　洪水滔天，鲧①窃帝②之息壤③以堙④洪水，不待帝命。帝令祝融⑤杀鲧于羽郊⑥。鲧复⑦生禹，帝乃命

禹，卒⑧布⑨土以定九州岛。禹娶涂山⑩氏女，不以私害⑪公，自辛至甲四日，复往治水。

禹治洪水，通轩辕山，化为熊。谓涂山氏曰："欲饷⑫，闻鼓声乃来。"禹跳石，误中鼓，涂山氏往，见禹方坐熊⑬，惭而去。至嵩高山下，化为石。禹曰："归我子！"石破北方而启⑭生。（《山海经·海内经》）

天帝就命令禹治理洪水，最终禹率领部下铺填土壤平治洪水，安定了九州。大禹娶了涂山氏的女人以后，没有因为家事耽误公事，每次回家只住4天，就回去治水。

禹开凿轩辕山的时候，为了增强力量，化身为熊。他对涂山氏说：如果要给我送饭吃，听到鼓声才来。没想到禹凿石开山，跳起来的碎石击中了旁边的鼓，涂山氏听到鼓声来送饭，正好看到禹变成了熊，又羞又恨，掉头就跑了，一直跑到了嵩山。禹在后面追，涂山氏跑到了嵩山南麓，变成了一块石头。涂山氏还怀着孕呢，大禹见妻子变成了石头，就对着石头说：还我儿子。这块石头朝着北方裂开来，蹦出来一个孩子，这就是启。

【注释】

⑧卒：音 zú，最后，终于。

⑨布：同"敷"，铺陈。

⑩涂山：涂山氏的所在地，历来众说纷纭。《中国民间故事集成·重庆卷上》记载涂山在巫山峡沿江上游，重庆南岸有涂山，山上有涂山庙，有涂山氏雕塑。山下有一地名为"弹子石"，传说是"诞子石"讹变而来，也即启诞生的石头。安徽也有涂山庙。

⑪害：影响，耽误。

⑫饷：给人送饭。

⑬坐熊：化为熊。

⑭启：禹的儿子，夏朝开国君主。

2. 汤见伊尹

昔者①汤②将往见伊尹，令彭氏之子御③。彭氏之子半道而问曰："君将何之④?"汤曰："将往见伊尹⑤。"彭氏之子曰："伊尹，天下之贱人也。若君欲见之，亦令召问焉，彼受赐矣!"汤曰："非汝所知也。今有药于此，食之，则耳加⑥聪，目加明，则吾必说而强⑦食之。今夫伊尹之于我国也，譬⑧之良医善药也，而子不欲我见伊尹，是子不欲吾善也!"因下⑨彭氏之子，不使御。(《墨子·贵义》)

【释读】

从前，商汤将要前往去见伊尹，让彭家的儿子来驾车。彭家的儿子半路上问道："您这是要去哪里?"商汤答道："我将要去见伊尹。"彭家的儿子说："伊尹，只不过是全天下中的一位地位卑贱的庶民。如果您想要见他，只要下令召见他，问询他，这对他来说已经是受到恩赐了!"商汤说："这不像你知道的那样。如果现在这里有一种药，吃了它，耳朵会变得更加灵敏，眼睛会变得更加明亮，那么我一定会对它感到很高兴并努力去吃这个药。现在伊尹对于我的国家，就好像良医好药，而你却不想让我见伊尹，你这是不想让我好啊!"商汤因此叫彭家的儿子下车去，不让他驾车了。

【注释】

①昔者：从前，过去。
②汤：商朝开国君主。
③御：音 yù，驾车。
④之：到……去。
⑤伊尹：商初大臣，曾为奴隶。
⑥加：更加。
⑦强：勉强、硬要。
⑧譬：音 pì，好像，犹如。
⑨下：使……下车。

3. 武王伐纣

周武王①伐纣，实得巴蜀之师②，巴师勇锐，歌舞以凌③殷人④，前徒倒戈⑤，故世称之曰"'武王伐纣，前歌后舞'也。"（《华阳国志·巴志》，有删节）

（汉武）帝善之，曰："此武王伐纣之歌也。"乃令乐人习学之，今所谓"巴渝舞"也。（《华阳国志·巴志》，有删节）

【释读】

周武王讨伐商纣王，获胜的实际原因是获得了巴蜀的军队。巴人军队勇猛精锐，一边唱歌一边跳舞就碾压了殷商的军队。殷商军队前排的兵士直接就倒戈相向转而攻打殷商军队了，因此世人称道：武王伐纣，前方军队唱歌后部军队跳舞。

汉武帝认为巴人军队与殷商军队打仗时唱的歌非常好，说：这是武王伐纣的歌。于是让官中的负责乐舞的人学习这个歌，这就是现在所说的"巴渝舞"。

【注释】

①武王：周武王姬发（？—前1043年），姬姓，名发，西周王朝的开国君主。
②师：军队。
③凌：欺压、侵犯。
④殷人：殷氏，契姓，封于商，后世迁于亳。此处指商朝军队。
⑤倒戈：军队投降敌人，反过来打自己人。

识文解字

字　形	ᵇᵗ ᵐᵗ 國 國 国	
偏　旁	囗	
字　音	guó	
本　义	用武器保护的区域。国家。	
引申义	国都，代表国家的。	
相关字	或、域。	
词　语	报国：为国家效力尽忠。 邦国：国家。	
成　语	精忠报国：为国家竭尽忠诚，牺牲一切。 安邦定国：使国家安定稳固。	

周代长戈
选自周纬《中国兵器史稿》

 融通运用

一、读一读

在困难面前

一个人不能总是向困难低头，在敦煌之旅爬鸣沙山的那天，我深深地体会到这一点。

听说鸣沙山上会有很多风沙，我们戴着帽子和墨镜，将围巾扎得牢牢的，坐着骆驼走向沙山。看着眼前这座不高的山，我胸有成竹，心想：我都征服过好多高山了，现在这座沙山对我来说真是小菜一碟，大可不必花费精力。于是我对爸爸发出挑战，还夸下海口说："我爬这座山绝不会超过三十分钟。"

比赛开始了，我一脚踏上沙子，不料，脚立刻陷入了沙中，我身子一歪，差点摔下去。"呼……"我长长地叹了一口气，看来要征服这座沙山也不简单。

我深一脚浅一脚地往上爬，可踩上去一步，又会滑下半步，爬了好久也没有爬多高，再看看爸爸，他手脚并用，速度也不快。

就在我停下看爸爸时，脚底往下一陷，坏了，沙子全都进了鞋子里，扎在脚底真不舒服，我脱下鞋子想把沙子倒掉，可又一想，这样不但人要往下滑，速度也一定会跟不上爸爸，这样必输无疑。索性不管它了，还是先追上爸爸再说吧。

我穿好鞋，便奋起直追。一阵风吹过，刮来很多沙子，我连忙扣紧帽子，戴好墨镜，低着头加快脚步。风刮得我浑身发冷，硬硬的小沙粒打在我脸上，好疼啊。我往前一看，爸爸也戴起了帽子，艰难地迎着风向前走。

沙子很滑，没有走很多路，我就已累得筋疲力尽，真想一屁股坐到地上休息一下，喝几口水解渴啊！可比赛时立下的誓言，逼着我只能不断地走啊走。我的脚深深陷进沙子中，要费好大的力才能拔出来，鞋子里的沙也逐渐增多，变得沉重无比，灌了铅一般。我看见爸爸也一直喘着粗气，时不时擦一下额头上的汗。可是爸爸还在不停地鼓励着我："青青，加油！马上就要到了，加油啊！"

我一抬头，山顶就在不远处了，太好了！不知从哪里来了一股力量，我抹了一把汗，快步地走起来。离山顶越来越近了，一切劳累都被置之度外，最后一步了，我一抬腿，跨了上来。啊，全身心一下子放松了，我终于爬上来了。站在高高的山顶鸟瞰，真有一览众山小的感觉啊。

虽然比赛输了，许下的诺言也无法兑现，不过我已经度过了最难的一关，我战胜了自己，这才是人生道路上最重要的一点。只要坚持不懈，困难总会迎刃而解！

1. 为什么爬沙山会很困难？

_____

2. "我"是怎么一步一步征服沙山的？简要地说一说。

_____

3. 联系生活实际，为什么作者说"只要坚持不懈，困难总会迎刃而解"？

_____

二、写一写

☆习作要求

小朋友们，你们在生活和学习中有没有遇到过困难？有没有认真思考想办法解决问题或是畏难放弃？让我们成为面对困难迎面而上的孩子吧！写一篇文章，题目自拟，300字左右。

☆习作方法

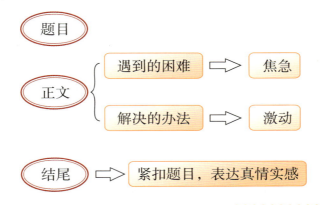

☆习作标准

（1）语句通顺，条理清楚，事例具体。

（2）无错别字，无病句。

（3）感情真挚。

三、想一想

通过商汤对伊尹的态度你得到什么启示？

三字经

夏有禹，商有汤。周文武，称三王。

夏传子，家天下。四百载，迁夏社。

汤伐夏，国号商。六百载，至纣亡。

周武王，始诛纣。八百载，最长久。

周辙东，王纲坠。逞干戈，尚游说。

第四章　春秋霸业（1）

经典溯源

1. 烽火戏诸侯

褒姒①不好笑，幽王②欲其笑万方③，故不笑。幽王为烽燧④大鼓，有寇⑤至则举烽火。诸侯悉至，至而

【注释】

①褒姒：音 bāo sì，人名，褒国人，姒姓。周幽王第二任王后。
②幽王：周幽王，西周第十二任君主，也是最后一任君主。
③万方：种种方法。
④烽燧：燧，音 suí，也称烽火台、烽台、烟墩、烟火台。如有敌情，白天燃烟叫烽，夜晚放火叫燧，是古代传递军事信息最快最有效的方法。
⑤寇：音 kòu，敌人。

【释读】

褒姒不爱笑。为使褒姒能够笑，幽王用了很多种办法，但她还是不笑。幽王点燃了传递紧急军情用的烽火，又擂响战鼓。因有强盗入侵才会有烽火，所以各地诸侯看到烽火，以为都城有敌情，马上带

无寇，褒姒乃大笑。幽王悦之，为数举烽火。其后不信，诸侯益⑥亦不至。又废⑦申后，去⑧太子也。申侯怒，与缯、西夷、犬戎⑨攻幽王。幽王举烽火征兵，兵莫至。遂杀幽王骊山下，虏褒姒，尽取周赂而去。

(《史记·周本纪》)

着军队赶来救援，结果到达后发现并没有盗寇。褒姒看到城下乱纷纷的军队，因此而大笑，幽王见到她笑了，心里很高兴。后来，幽王为取悦褒姒又数次点燃烽火，然后就没有了信用，越来越多的诸侯看到烽火都不来救助了。周幽王又废除了申后和太子，立褒姒为王后，立褒姒的儿子为太子。申侯（申后的父亲）很生气，与缯国、西夷犬戎一起攻打幽王。幽王又点燃烽火召集诸侯援兵，但诸侯援兵没有来。于是申侯他们就在骊山下杀死了幽王，掳走褒姒，抢光了周幽王的财物走了。

【注释】

⑥益：更加，增加。

⑦废：弃置、废除。

⑧去：驱赶。

⑨缯（zēng）、西夷、犬戎（róng）：都是古代族名、部落名称。

2. 管仲①谋小白②

及雍林人杀无知③，议立君。高④、国⑤先阴⑥召小白于莒。鲁闻无知死，亦发兵送公子纠，而使管仲别⑦将⑧兵遮⑨莒道，射中小白带钩⑩。小白详死，管仲使人驰报鲁。鲁送纠者行益⑪迟，六日至齐，则小白已入，高傒立之，是为桓公。桓公之中钩，详⑫死以误⑬管仲，已而载温车⑭中驰行，亦有高、国内应，故得先入立，发兵距⑮鲁。(《史记·齐太公世家》)

【释读】

齐襄公十二年（公元前686年），雍林人杀了弑君的公孙无知，商议迎立国君。齐国两大贵族国氏和高氏抢先暗中通知了在莒国流亡的公子小白。鲁庄公知道齐国无君后，立即派兵护送在鲁国避难的公子纠回国。后来发现公子小白已经先出发回国了，又派遣管仲另外带一队人马先行，率30乘兵车到莒国通往齐国的路上去截击公子小白。人马过即墨30余里，正遇见公子小白的大队车马。管仲等公子小白车马走近，就操起箭来对准射去，一箭射中，公子小白应声倒下。管仲见公子小白已被射死，就派人飞报鲁国。得知小白已死，鲁国护送公子纠的部队速度就放慢了，六天才到齐国，而小白已先进入齐国，在高傒氏的拥立下即位为君，就是桓公。其实公子小白没有死，管仲一箭射中他的衣带勾，公子小白急中生智咬破舌尖装死倒下。然后藏在温车中飞速行进，也因为有高氏国氏两大家族为内应，所以能够先入齐国即位，然后派兵抵御鲁军。

【注释】

①管仲：字夷吾，春秋时期法家代表人物，中国古代著名的经济学家、哲学家、政治家、军事家。被誉为"华夏第一相"。
②小白：即齐桓公，姜姓，齐氏，名"小白"，春秋五霸之首，春秋时齐国第十五位国君。
③无知：公孙无知，齐襄公叔伯兄弟，杀齐襄公夺位，不久被杀。
④高：齐国贵族高氏。
⑤国：齐国贵族国氏。国懿仲，齐国正卿。
⑥阴：暗中。

⑦别：另外。
⑧将：带领。
⑨遮：阻拦。
⑩带钩：古时衣袍外腰带上的饰物，多由金玉制作。
⑪益：更加。
⑫详：通假字，通"佯"，假装。
⑬误：欺骗。
⑭温车：卧车，即有帐幕之车。
⑮距：即"拒"，抵御。

3. 管仲拜相

桓公之立，发兵攻鲁，心欲杀管仲。鲍叔牙曰：臣幸得从君，君竟①以立。君之尊，臣无以增君。君将治齐，即高傒与叔牙足也。君且②欲霸王，非管夷吾不可。夷吾所居国国重，不可失也。于是桓公从之，乃详召管仲欲甘心，实欲用之。管仲知之，故请往。鲍叔牙迎受管仲，及堂阜③而脱桎梏④，斋祓⑤而见桓公。桓公厚礼以为大夫，任政。（《史记·齐太公世家》）

【释读】

桓公即位时，派兵攻鲁，心里想杀死管仲报那一箭之仇。鲍叔牙说："我有幸跟从您，您终于成为了国君。您的尊贵地位，我已无法再帮助您提高。您如果只想治理齐国，有高傒和我也就够了。您如果想成就霸王之业，没有管夷吾不行。管夷吾所在的国家，这个国家一定会强大，不能失去这个人才。"于是桓公听从了他的话，就假装召回管仲以报仇雪恨，实际是想任用他管理政事。管仲心里明白，所以也要求返回齐国。鲍叔牙去迎接管仲，管仲一到齐国境内的堂阜鲍叔牙就给管仲除去枷锁，让他斋戒沐浴之后拜见桓公。桓公赏给管仲丰厚的礼物，任命他为大夫，主持政务。

【注释】

①竟：最终。

②且：将。

③堂阜：阜，音 fù，齐国地名。

④桎梏：音 zhì gù，中国古代的刑具，在足曰桎，在手曰梏，类似于现代的手铐、脚镣。现代汉语引申为束缚、压制之意。

⑤斋祓：音 zhāi fú，古代用斋戒沐浴等方法除灾求福，亦泛指扫除。

识文解字

字　形	Ψ　Ψ　Ψ　干	
偏　旁	干	
字　音	gān	
本　义	本义：武器。顶端带叉的木棍子，做成叉状的金属武器。	
引申义	冲、扰乱、牵连。（注意"天干地支"的"干"只是同音借用，与本义毫无关联。）	
相关字	戈　Ψ　Ψ　Ψ　戈 本义：古代兵器，横刃，有长柄。泛指武器。 引申义：战争、战乱。 词语：倒戈、兵戈。 成语：同室操戈、临阵倒戈。	
词　语	干戈：干和戈是古代的两种武器。泛指武器或武力；也借指战争。 干扰：打扰、扰乱。	
成　语	豪气干云：形容豪迈的气势高入云霄。干云，冲入云霄。 大动干戈：大规模地动用武力，发动战争；多比喻大张声势地去做某事。 化干戈为玉帛：干戈，指打仗；玉帛，玉器和丝织品，指和好。比喻使战争转变为和平。	

上古武器
选自周纬《中国兵器史稿》

周代戈形
选自周纬《中国兵器史稿》

融通运用

一、读一读

夜晚的读书声

内蒙古小姑娘晚秋以顶碗舞著称于世。你看，她轻轻舒展双臂，头上顶着几只碗，在台上飘来飘去，翩翩起舞。她动作柔美，婀娜多姿，步履轻盈。时不时将碗向天空一抛，然后头一偏，准确无比地接住了碗，使台下的观众惊叹不已。

人人都说晚秋简直是个奇迹。不仅因为舞姿优美，更在于她那百折不挠、坚韧不拔的毅力。

几岁时，晚秋经检查得知自己患了小儿麻痹症，这种病在当时是绝症，没法治，这对于热爱舞蹈的晚秋无疑是个沉重的打击。晚秋当时几乎完全绝望了，好几天里，她心神恍惚，常常望着窗外发呆。

母亲看她整天愁眉苦脸、无精打采，自然心急如焚。一天，母亲问晚秋："孩子，你有爱好吗？"

"跳舞，可是我得了小儿麻痹症。"晚秋悲伤地说。

"晚秋，你有没有听见，隔壁家每天晚上都传来阵阵朗诵声？"

"听见了。"晚秋漫不经心地说，她依然沉浸在悲伤中。

"其实，那是隔壁家孙叔叔的儿子发出的读书声，他从小说话就口吃，但他从未在意，每天都放声朗诵，11点才睡觉。现在，他口吃的毛病差不多要改掉了。你也一样，只要努力，一定也可以摆脱病症。"母亲意味深长地说。

"可是，我的病治不了，不是吗？"

"这个世界上没有什么治不好的病！"

"可是，我不行……"

"唉——"母亲失望地离开房间，走了出去。

夜，悄无声息地降临。一阵清脆的朗诵声响起，惊醒了晚秋。她想起了母亲说的话，沉思了一会儿，然后使出浑身解数顽强地站了起来。她一拐一拐地走着，踩在地上，就如同踩在荆棘上。每走一步，都会感到一种锥心的疼痛。但一听到那清脆的朗诵声，便想：别人还在练习，我也不能落后！她一咬牙，继续艰难地行走着，一步，一步……

就这样年复一年日复一日，晚秋终于成为了一位舞蹈家。就在这时，她的母亲逝世了，消息传来，晚秋悲痛欲绝，回到老家，哀悼完毕，她忽然想起曾经那个隔壁的小男孩。她敲响邻居的家门，一位满脸皱纹的老太太走了出来，老太太问："你是谁？"

"您的邻居，请问那位小男孩在吗？"

"什么小男孩？"老太太不解地问。

"就是十几年前您家里每晚练习朗诵直至11点的那位小男孩。"

"哦，你误会了，以前有一个女人租了我的房子，却不住，要求我每天晚上打开录音机，10点关上，可真奇怪……"

晚秋突然明白了什么，放声痛哭起来……

1. 母亲是怎么鼓励身患小儿麻痹症的晚秋跳舞的？

_____

2. 受到隔壁清脆朗诵声的鼓励，晚秋是怎么练舞的？

_____

3. 联系全文，想想：晚秋突然明白了什么？她为什么会放声痛哭起来？

_____

二、写一写

☆ 习作要求

谎言分为两种，一种是恶意欺骗伤害他人的，另一种是善意欺骗帮助他人的。你撒过谎吗？请你用文字叙述出来，题目自拟，300字左右。

☆习作方法

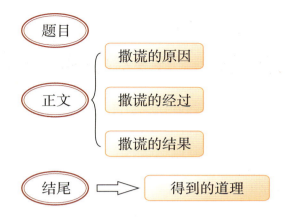

☆习作标准

（1）语句通顺、条理清楚、事例具体。

（2）借助心理描写和语言描写写出原因和结果。

（3）描写从道理中明白如何做人。

三、想一想

管仲能够拜相有哪些原因？

三字经

始春秋，终战国。

名言警句

1. 亲贤臣，远小人，此先汉所以兴隆也；亲小人，远贤臣，此后汉所以倾颓也。（诸葛亮《出师表》）

2. 益者三友，损者三友。友直，友谅，友多闻，益矣。友便辟，友善柔，友便佞，损矣。（《论语》）

释　读

1. 亲近有才能的大臣，远离心术不正的人，这是先汉兴隆起来的原因。亲近小人，远离贤臣，这是后汉倾覆灭亡的原因啊。

2. 有益的朋友有三种，有害的朋友有三种。与正直的人交朋友，与诚信的人交朋友，与知识广博的人交朋友，是有益的。与谄媚逢迎的人交朋友，与表面奉承而背后诽谤的人交朋友，与善于花言巧语的人交朋友，是有害的。

第五章 春秋霸业（2）

经典溯源

1. 一鸣惊人

楚庄王①莅②政三年，无令发，无政为也。右司马御座③，而与王隐④曰："有鸟止南方之阜⑤，三年不翅，不飞不鸣，嘿⑥然无声，此为何名？"王曰："三年不翅，将以长羽翼；不飞不鸣，将以观民则。虽无飞，飞必冲天；虽无鸣，鸣必惊人。"（《韩非子·喻老》）

【释读】

楚庄王执政三年，没有发布过命令，没有处理过政事。右司马侍座，用隐语暗示庄王说："有一只鸟栖息在南边的土丘上，三年不张开翅膀，不飞翔不鸣叫，默然无声，请问这鸟该怎么称呼？"庄王说："三年不展翅，是用这时间来长羽翼；不飞不鸣，是借此观察民众的习惯。虽然它现在没有起飞，但它一飞必定冲天；虽然没有鸣叫，但一鸣必定惊人。"

【注释】

①楚庄王：熊旅，芈（mǐ）姓，熊氏，名旅（一作侣、吕），春秋时期楚国国君，春秋五霸之一。
②莅：音 lì，治理、管理。
③御座：侍座，陪同。
④隐：有所暗指的话称"隐"，含蓄地表达意思。
⑤阜：音 fù，土山。
⑥嘿：通假字，即"默"。

2. 穆公亡马

秦缪公①尝出而亡②其骏马，自往求之，见人已杀其马，方③共食其肉。缪公谓曰："是④吾骏马也。"诸人皆惧而起。缪公曰："吾闻食骏马肉，不饮酒者杀人⑤。"即以次⑥饮之酒。杀马者皆惭而去。（《说苑·复恩》）

【释读】

秦穆公曾在外出时丢失了他的骏马，他亲自前去寻找它。他发现有人已经把他的马杀死了，正在一起吃马肉。秦穆公对他们说："这是我的骏马啊！"那些人都吓得站了起来。秦穆公却说："我听说吃骏马的肉不饮酒的人会丧命。"秦穆公就依次赏给他们酒喝。杀马的人都羞愧地离去了。

【注释】

①秦缪公：缪，音 mù，即秦穆公，名任好，春秋时秦国的国君，春秋五霸之一。
②亡：丢失。
③方：正在
④是：这是。
⑤杀人：伤害人的性命，指吃马肉如果不饮酒会伤害自己的身体。
⑥以次：按照次序。

3. 退避三舍

重耳①及楚，楚子②飨③之，曰："公子若反④晋国，则何以报不谷⑤?"对曰："子女玉帛则君有之，羽毛齿革则君地生焉。其波及晋国者，君之余也，其何以报君?"曰："虽然，何以报我?"对曰："若以君之灵⑥，得反晋国，晋、楚治兵⑦，遇于中原，其辟君三舍⑧。若不获命，其左执鞭弭⑨、右属櫜鞬⑩，以与君周旋。"(《左传·僖公二十三年》)

晋师退。子犯曰："微楚之惠不及此，退三舍辟之，所以报也。"退三舍。(《左传·僖公二十八年》，有删节)

【释读】

重耳到达楚国，楚成王设宴招待他，说："公子如果回到晋国，用什么报答我?"重耳公子回答说："男子、女人、珠玉、丝帛都是君王所拥有的，鸟羽、皮毛、象牙、犀革都是君王土地上所生长的。那些波及晋国的，已经是君王剩余的了，我能用什么来报答君王呢?"楚成王说："尽管这样，你究竟用什么来报答我呢?"公子回答说："如果我托君王的福，能够回到晋国，一旦晋、楚两国演习军事(交战的委婉说法)，在中原相遇，那我就后退九十里。如果还得不到君王的宽大，那我就只有左手执鞭执弓，右边挂着弓袋箭袋，跟君王您较量一下了。"

晋军撤退。子犯说："如果没有楚国的恩惠，我们到不了这里。退三舍躲避他们，就是作为报答。"晋军后退三舍。

【注释】

①重耳：即晋文公，姬姓，名重耳，是中国春秋时期晋国的第二十二任君主，春秋五霸中第二位霸主，与齐桓公并称"齐桓晋文"。
②楚子：此处指楚成王熊恽。
③飨：音 xiǎng，用酒食招待客人，泛指请人受用。
④反：即"返"。
⑤不谷：古代王侯所用自警、自谦之词。类似于"寡人"。
⑥灵：精神、气度。
⑦治兵：古代在秋季进行的练兵仪式，后泛指练兵。
⑧舍：古时行军计程以三十里为一舍。主动退让九十里。比喻退让和回避，避免冲突。
⑨鞭：鞭子。弭：音 mǐ，弓末的弯曲处，此处指弓箭。
⑩櫜鞬：櫜，音 tuó，装箭的箭袋。

 识文解字

字　形	彊 彊 强 强	
偏　旁	弓 弓 弓 弓	
字　音	qiáng　qiǎng	
本　义	弓箭力量强劲。本写作"彊"，"畺"为声符。	
引申义	健壮，力量大；粗暴、蛮横；迫使，勉强。	
相关字	引、张、弛。	
词　语	霸强：称霸逞强。 强横：强硬蛮横。	
成　语	强人所难：勉强别人做不愿做或难做的事。 强词夺理：强词，强辩；夺，争。指无理强辩，明明没理硬说有理。	

 融通运用

一、读一读

悄悄的温暖

那年学校放假时，我因家中有事，所以回了一趟家。

火车从哈尔滨启程，回家要几十个小时。到吃晚餐时，我发现我的钱被偷了。我急忙阻止服务员打菜。同排坐的一位中年女人说，小兄弟，我这里刚好有5块零钱，你就打一份饭吃吧。我红着脸说："不、不，我不饿。"对

面坐的两位客人，对我投来了有点让我受不了的眼光。我猜测，他们是不是认为我在骗饭吃或是个穷乡下佬。一股倔强从我心底升起，我坚决地拒绝了中年女人的帮助，一场尴尬就这样过去了。

次日起来，我只感到肚子受不了，头有点晕晕的。我知道这是饿的结果。在吃早餐时，我有意地起身上卫生间，为的是回避……

又到吃午饭的时间了。当餐车推近我们座位时，那位中年妇女又说："小兄弟，我给你买一份饭吃吧，再不吃东西，是要伤身子的。"她是靠在我耳边小声说的，别人听不见。我还是婉言谢绝了她。

不久，中年妇女下车了。临行前，她将手中的杂志给我，说："小兄弟，这本杂志就送你看吧，我知道你爱看书。"

我心里感激她。当火车开动时，我打开书，突然，意外的事情发生了。只见书里夹着一张 50 元的钞票和一张纸条，上面写着：小兄弟，帮助别人是美德。但有时，敢于接受别人的帮助，也是一种美德。因为拒绝别人的善意，有时往往会伤害别人善良的心。

看着这富有哲理的温暖文字，我的眼里热热的。

1. 当"我"的钱被偷之后，"我"拒绝了中年女人哪些帮助？

　　_____

2. "我"为什么要拒绝中年女人的帮助？

　　_____

3. 为什么中年女人说"敢于接受别人的帮助，也是一种美德"？结合短文内容说一说。

　　_____

　　_____

二、写一写

☆习作要求

"锦上添花"比不上"雪中送炭"，每当遇到困难的时候，有人伸出双手助自己一臂之力，这是何等的感激。请你好好回忆一下，你曾经经历过的

"雪中送炭"。题目自拟，300 字左右。

☆习作方法

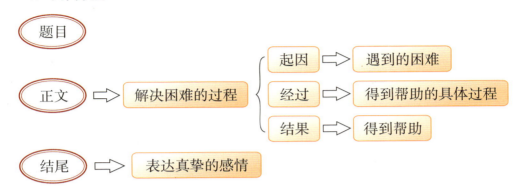

题目

正文 ⇨ 解决困难的过程 { 起因 ⇨ 遇到的困难
经过 ⇨ 得到帮助的具体过程
结果 ⇨ 得到帮助 }

结尾 ⇨ 表达真挚的感情

☆习作标准

（1）语句通顺，条理清楚，无错别字，无病句。

（2）借助动作描写、心理描写和语言描写等方法，详细写出解决困难的过程。

（3）真情实感。

三、想一想

1. "齐桓公、晋文公、宋襄公、楚庄王、秦穆公"被称为春秋五霸，从本章故事中看，齐桓公、晋文公、楚庄王、秦穆公分别有什么优秀品质？

2. 春秋五霸中的"宋襄公"有什么事迹呢？去找一找相关资料吧。

三字经

始春秋，终战国。

名言警句

1. 躬自厚而薄责于人，则远怨矣。（孔子《论语》）

2. 古之伐国，不杀黄口，不获二毛。（《淮南子》）

释　读

1. 多责备自己而少责备别人，那就可以避免别人的怨恨了。

2. 古人讨伐敌国时，不杀小孩子，不抓头发花白的老人。

第六章　战国逐鹿

 经典溯源

1. 田忌赛马

田忌、王及诸公子逐射千金①。及②临质③，孙子④曰："今以君之下驷⑤与彼上驷，取君上驷与彼中驷，取君中驷与彼下驷。"既⑥驰三辈毕，而田忌一不胜而再胜⑦，卒⑧得王千金。（《史记·孙子吴起列传》）

【释读】

田忌、齐王与各位公子下赌注进行驾马车比赛，他们下了千金的赌注。比赛即将开始，孙膑说："现在用您的下等马对阵他们的上等马，用您的上等马对阵他们的中等马，用您的中等马对阵他们的下等马。"已经比了三场比赛，田忌一场败而两场胜，最终赢得齐王的千金赌注。

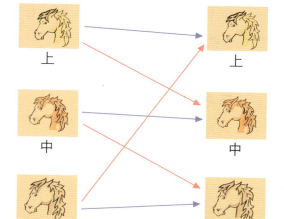

【注释】

①逐射千金：下千金的赌注赌驾马车比赛的输赢。

②及：等到。

③临质：将要比赛的时候。质，评判，这里指比赛。

④孙子，即孙膑，本名孙伯灵。是孙武的后代。

⑤驷：音sì，古代驾车，一车四马，同驾一辆车的四匹马叫作驷。

⑥既：已经。这里指三种等级的马驾车比赛结束。

⑦一不胜而再胜：一次没能取胜，但是后两次都取得了胜利。再，两次。

⑧卒：音zú，最后。

2. 围魏救赵

魏伐赵，赵急，请救于齐。齐威王乃以田忌为将，而孙子为师。田忌欲引兵之①赵，孙子曰："夫解杂乱纷纠者不控②卷③，救斗者不击，批④亢⑤捣⑥虚⑦，形格势禁⑧，则自为解耳。今梁⑨、赵相攻，轻兵锐卒必竭⑩于外，老弱罢⑪于内；君不若引兵疾走大梁，据其街路，冲⑫其方虚，彼必释赵而自救，是我一举解赵之围而收弊于魏也。"田忌从之，魏果⑬去邯郸⑭，与齐战于桂陵，大破梁军。(《史记·孙子吴起列传》)

【释读】

魏国攻打赵国，赵国危急，向齐国请求救援。齐威王任命田忌为大将，任命孙膑做军师，田忌想要带领军队到赵国去解围，孙膑说："解乱丝不能整团地抓住，劝解打架的人不能在双方相持很紧的地方去搏击，只要击中要害，冲击对方空虚之处，形势就会禁止相斗，危急的局面也就因此自行解除了。现在魏国和赵国打仗，魏国轻装精锐的士兵必定全部集中在国外，老弱疲敝的士兵留在国内。您不如率领部队迅速奔赴魏国都城大梁，占领它的要道，攻击它空虚的地方，他们一定会放弃围攻赵国而回兵解救自己。这样我们一举既可解除赵国被围的局面，又可收到使魏国疲惫的效果。"田忌听从了孙膑这一建议。魏国的军队果然丢下赵国的都城邯郸，撤兵回国，和齐军在桂陵交战，魏军被打得大败。

【注释】

①之：到。
②控：抓、投。
③卷：整个、整团。
④批：冲击、攻击。
⑤亢：音 gāng，咽喉，比喻要害部位。
⑥捣：攻击。
⑦虚：空虚的地方。
⑧形格势禁：形势会禁止斗争。
⑨梁：即魏国。魏国首都大梁，故称梁。
⑩竭：竭尽、全部。
⑪罢：音 pí，通"疲"，疲惫。
⑫冲：冲击、攻击。
⑬果，果然。
⑭邯郸：音 hán dān，赵国都城，今河北省省辖市。

3. 胡服^①骑射

赵武灵王^②北略^③中山之地^④，至房子^⑤，遂至代^⑥，北至无穷^⑦，西至河^⑧，登黄华^⑨之上。与肥义^⑩谋胡服骑射以教百姓，曰："愚者所笑，贤者察焉。虽驱世^⑪以笑我，胡地、中山，吾必有之！"遂胡服。

（《资治通鉴》卷三）

【释读】

赵武灵王向北进攻中山国，大兵经过房子，抵达代地，再向北直至数千里的大漠，向西攻到黄河，登上黄华山顶，与国相肥义商议让百姓穿胡人的短装，学骑马与射箭。他说："愚蠢的人会嘲笑我，但聪明的人会明白的。即使天下的人都嘲笑我，我也这么做，一定能把北方胡人的领地和中山国都夺过来！"于是改穿胡服。

【注释】

①胡服：战国时北方游牧民族的服装，窄袖短装，皮靴皮带，头戴羽冠。
②赵武灵王：（？—前295）名雍，赵肃侯之子，周显王四十四年（前325）即位。
③北略：向北攻占。
④中山之地：中山国的土地，今河北定县一带。中山，古代国名。
⑤房子：古地名，今河北临城。
⑥代：古地名，代郡，今山西大同一带。
⑦无穷：自代郡上出塞外，大漠数千里，故称无穷。
⑧河：黄河。
⑨黄华：山名，在黄河边上。
⑩肥义：赵国的国相。
⑪驱世：世上所有的人。

识文解字

字　形	戰 戰 战	
偏　旁	戈	
字　音	zhàn	
本　义	作战。	
引申义	争胜负，比高低。	
相关字	戎	
词　语	恶战：凶猛激烈的搏战。 笔战：通过文字进行论战。	
成　语	速战速决：用快速的战术结束战局。也比喻用迅速的办法完成任务。 百战不殆：经历许多次战役，都没有遭到危险。形容善于用兵。	

战国铜鉴上的攻战纹样

融通运用

一、读一读

快乐雪人

那天是一个休息日，外面大雪纷飞，寒冷刺骨，我和丈夫由于天气原因很长时间没有出门了。关在家里，我们的心情也变得很郁闷。

看着窗外的大雪，丈夫说，坏事也许能变成好事，我们出去看看这难得一遇的雪景吧。他立即穿上棉衣，说他将要堆一个大大的雪人。

一开始，丈夫独自一个人在家门口堆起了大雪堆。后来，一个邻居在他的邀请下，也拥抱起冬天给我们的这一个礼物，再后来，其他的家人也穿上棉衣，走出家门。很快，我们变得兴奋起来，笑声飘荡在空中，陶醉在大自然给予我们的乐趣中。不断地，有更多的邻居受到感染，加入到堆雪人的队伍中，并提出各种各样富有创意的点子。

随着时间的推移，春天悄悄地来了，雪人开始渐渐融化。为了让我们共同的作品能多保留一段时间，每过几天我都会看到有人在雪人前修修补补，后来又根据它融化的情况，重新进行塑造，有一天我竟然发现它变成了一只活灵活现的小兔子。

也许，我们不但制造了一个雪人，还制造了一个快乐的氛围。快乐的氛围是我们自己创造出来的，正如郁闷的氛围也是我们自己创造出来的一样。我们的身边是怎样一种氛围，有着多种可能性，但结果如何，全凭我们自己。

1. 丈夫为什么要堆雪人？

   _____

2. 丈夫是怎样影响周围邻居堆雪人的？

   _____

3. 作者说"不但制造了一个雪人，还制造了一个快乐的氛围"，读完短文，请你描述一下这个"快乐的氛围"。

   _____

二、写一写

☆ 习作要求

小朋友们，动脑筋把一件坏事变成好事是不是特别神奇呀？那我们一起来写一写坏事是怎样通过动脑筋变成好事的吧。

☆ 习作方法

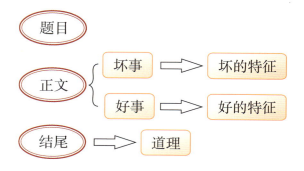

☆习作标准

（1）语句通顺，条理清楚，无错别字。

（2）写事的文章，应该将事情的起因、经过、结果写清楚。

（3）借助心理描写的方法，将坏事变成好事的人物心情变化写具体，突出动脑筋带来的喜悦（点明中心）。

三、想一想

赵武灵王下令"胡服骑射"，可能遭遇了什么困难？为什么赵武灵王要坚持执行"胡服骑射"？赵国在"胡服骑射"之后有什么变化？"胡服骑射"带给我们学习上的什么启示？

三字经

五霸强，七雄出。

名言警句

1. 躬自厚而薄责于人，则远怨也。（《论语》）

2. 博学之，审问之，慎思之，明辨之，笃行之。（《中庸》）

释 读

1. 多责备自己而少责备别人，那就可以避免别人的怨恨了。

2. 要广泛地学习，详细地求问，慎重地思考，明确地分辨，踏实地实践。

第七章　秦朝烟云

 经典溯源

1. 徙木立信

孝公①既用卫鞅②，鞅欲变法，恐天下议己。令既具③，未布④，恐民之不信，已乃⑤立三丈之木于国都市南门，募民有能徙置北门者予十金。民怪之，莫敢徙。复曰："能徙者予五十金。"有一人徙之，辄⑥予五十金，以明不欺。卒⑦下令⑧。

（《史记·商君列传》）

【释读】

秦孝公已经任用了卫鞅，卫鞅想要实施变法改革政策，担心秦国人（官民）对自己产生非议。新法准备就绪后，还没公布，恐怕百姓不相信，就在国都后边市场的南门竖起一根三丈高的木头，招募百姓搬这根木头，谁能把木头搬到北门就赏给他十金。百姓觉得这件事很奇怪，没人敢去搬。又宣布"能把木头搬到北门赏五十金"。有一个人把它搬走了，商鞅当下就给了他五十金，借此表明令出必行，绝不欺骗。事后就颁布了新法。

【注释】

①孝公：秦孝公。

②卫鞅：鞅，音 yāng，人名，即商鞅。

③具：完备。

④布：宣告、公开。

⑤已乃：旋即，不久。

⑥辄：音 zhé，就。

⑦卒：音 zú，终于。

⑧下令：颁布法令。

2. 指鹿为马

赵高欲①为乱②，恐③群臣不听，乃先设验④，持⑤鹿献于二世⑥，曰："马也。"二世笑曰："丞相误⑦邪？谓鹿为马。"问左右⑧，左右或⑨默，或言马以阿顺⑩赵高，或言鹿者。高因⑪阴⑫中⑬诸言鹿者以法⑭。后群臣皆畏高。(《史记·秦始皇本纪》)

【释读】

赵高想要叛乱（篡夺秦朝的政权），恐怕各位大臣不听从他，就先设下圈套设法试探。他带来一头鹿献给秦二世，说："这是一匹马。"二世笑着说："丞相错了吧？您把鹿说成是马。"赵高就问身边的大臣这是鹿还是马，左右大臣有的沉默，有的故意迎合赵高说是马，也有的说是鹿，赵高就暗中假借法律中伤、陷害那些说是鹿的人。以后，大臣们都畏惧赵高。

【注释】

①欲：想要。
②乱：叛乱，此处指篡夺秦朝的政权。
③恐：害怕，恐怕。
④设验：设法试探。
⑤持：带着。
⑥二世：指秦二世皇帝胡亥。
⑦误：错误，误会。
⑧左右：身边的人。
⑨或：有的人。
⑩阿顺：阿，音ē，阿谀奉承。
⑪因：于是、就。
⑫阴：暗中。
⑬中：中伤、陷害。
⑭法：法律。

识文解字

字 形	
偏 旁	⼋
字 音	jiān
本 义	一只手抓两棵禾。
引申义	同时做几件事情或占有几件东西。
相关字	一只手拿着一把禾。一把庄稼。引申为"手拿着"或"持着"。
词 语	兼顾：同时照顾到几方面。 兼容：同时容纳各个方面。
成 语	德才兼备：同时具备高尚的品德和较强的才能。 软硬兼施：兼施，同时施展。柔和的和强硬的手段都用上了。

融通运用

一、读一读

生活因诚实而精彩

生活因诚实而精彩，没有诚实的人生是虚伪的。如果人生虚而不实，华而不美，这样的人生有谁向往呢？在人生的旅途上，诚实就像一张可靠的通行证，无论走到哪里，都畅通无阻；无论去到何地都会受到热情的招待。因此，生活因为诚实而变得精彩！

有一次，父亲在北京买了一个很精美的花瓶，把它放在桌子上，并嘱咐我们一定要小心一点，不要把它弄坏了。下午，我和表弟一起在家里玩捉迷藏。玩着玩着的时候，我的手不小心撞到花瓶，只听"砰"一声，糟糕，我把花瓶摔在地上了，已碎成了好几片，怎么办？当时的我很害怕，什么也没有想，便往房间冲去。

晚上，父亲发现花瓶碎成几片，怒气冲冲，便质问我们："这是谁干的好事？"我顿时变得紧张起来，但我明白是自己闯了祸，我又害怕父亲会很严厉地批评我。我犹豫了片刻，然后抬起头看着爸爸，诚恳地说："爸爸，是我不小心摔烂你的花瓶的，对不起！"话音刚落，父亲的怒气顿时烟消云散，一手搂过我，称赞道："诚实的行为胜过那无数个花瓶！我得到了一份比花瓶更重要的物品——那就是你的诚实！"自从那一次后，诚实就成为了我人生当中的座右铭，它时时刻刻都在激励着我前进！

诚实，当你放弃时它给予你鼓励，当你失败时给予你安慰。诚实不会靠近虚华的人生。当你拥有了诚实后，你的生活就会变得更加精彩。

生活，因诚实而精彩。

1. 当"我"摔碎花瓶，面对父亲的质问，"我"在犹豫什么？

_____

2. 当"我"承认错误的时候，父亲的怒气为什么会烟消云散？

_____

3. 在生活中，你是否也有过类似的经历？你是怎么做的？

_____

二、写一写

☆作文要求

诚实的好孩子，人人都喜欢，那在你的生活中有没有因为害怕而没有成为一个诚实的孩子呢？动动你的小手，写写吧！题目自拟，300 字左右。

☆作文方法

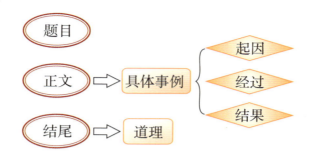

☆作文标准

（1）语句通顺，条理清楚，无错别字，无病句。

（2）借助动作描写和心理描写，写出害怕的场景。

（3）突出中心，说明道理。

三、想一想

那些奉承赵高而将鹿说成是马的大臣们撒谎的原因是什么？想象一下，他们会有什么结果？

三字经

嬴秦氏，始兼并。

第八章 楚汉纷争

经典溯源

1. 破釜沉舟

项羽威震楚国，名闻诸侯。救钜鹿。项羽乃悉引兵渡河，皆沉船，破釜甑①，烧庐舍②，持三日粮，以示士卒必死③，无一还心④。

于是至则围王离⑤，与秦军遇，九战⑥，大破之。(《史记·项羽本纪》)

【释读】

项羽的名声威震楚国，名扬诸侯。他率军援救钜鹿。项羽就率领全部军队渡过漳河，把船只全部凿沉，把锅碗全部砸破，把军营全部烧毁，只带上三天的干粮，以此向士卒表示一定要决死战斗，毫无退还之心。部队抵达前线，就包围了王离，与秦军遭遇，交战多次，大败秦军。

【注释】

①釜甑：釜，饭锅。甑，音 zèng，蒸饭工具。

②庐舍：房屋。

③必死：决死之心。

④无一还心：没有一点后退的打算。

⑤王离：秦朝将领。

⑥九战：经过多次战斗。九：泛指多数。

2. 四面楚歌

项王军壁①垓下②，兵少食尽，汉军及诸侯兵围之数重。夜闻汉军四面皆楚歌，项王乃大惊，曰："汉皆已得楚乎，是何楚人之多也？"项王则夜起，饮帐中。有美人名虞，常幸从；骏马名骓③，常骑之。于是项王乃悲歌慷慨④，自为诗曰："力拔⑤山兮气盖⑥世，时不利兮骓不逝。骓不逝兮可奈何，虞兮虞兮奈若何！"歌数阕⑦，美人和之。项王泣数行下，左右皆泣，莫能仰视。

（《史记·项羽本纪》）

【释读】

项王的部队在垓下修筑了营垒驻扎，兵士少，粮食也快完了，汉军及诸侯兵把他团团包围了好几层。深夜，听到汉军在四面唱着楚地的歌，项王大为吃惊，说："难道汉已经完全取得了楚地吗？怎么楚国人这么多呢？"项王连夜起来，在军帐中饮酒。有一个美人名叫虞，一直受宠跟在项王身边；有一匹骏马名叫骓，项王一直骑着。这时候，项王不禁慷慨悲歌，自己作诗吟唱道："我的力量能撼动山岳啊，我的英雄气概举世无双！时运不济呀骓马不再往前闯！骓马不往前闯啊可怎么办，虞姬呀虞姬，怎么安排你呀才妥当？"项王唱了几遍，美人虞姬在一旁应和。项王眼泪一道道流下来，左右侍者也都跟着落泪，没有一个人能抬起头来看他。

【注释】

①壁：驻扎。

②垓下：垓，音 gāi，古地名。

③骓：音 zhuī。毛色黑白相间的马。

④慷慨：情绪激昂。

⑤拔：撼动。

⑥盖：胜过、压倒、超过。

⑦阕：音 què，量词，歌曲或词一首叫一阕，词的一段也叫一阕。

 识文解字

字 形	![字形演变] 争 争 争
偏 旁	⺈
字 音	zhēng
本 义	两只手争夺一个像弯曲的木棍一样的东西。争夺。
引申义	争辩，较量、打斗。
相关字	![相关字演变] 受 一个像一个舟或一块肉一样的东西，一只手交付，一只手接受。古汉语"授、受"用同一个字"受"来表达。交付和接受都是这个字。
词 语	竞争：互相争胜。 论争：在讨论或辩论中的争辩或提出相对的论点。
成 语	明争暗斗：公开和暗中都在相互争斗。 争奇斗艳：争着显示自己奇异、艳丽、出众。

 融通运用

一、读一读

把失败写在背面

有一个年轻人，从很小的时候起，他就有一个梦想，希望自己能够成为一名出色的赛车手。他在军队服役的时候，曾开过卡车，这对他熟练驾驶技术起到了很大的帮助。

退役之后，他选择到一家农场里开车。在工作之余，他仍一直坚持参加一支业余赛车队的技能训练。只要有机会遇到车赛，他都会想尽一切办法参加。因为得不到好的名次，所以他在赛车上的收入几乎为零，这也使得他欠

下一笔数目不小的债务。

　　那一年，他参加了威斯康星州的赛车比赛。当赛程进行到一半多的时候，他的赛车位列第三，他有很大的希望在这次比赛中获得好的名次。

　　突然，他前面那两辆赛车发生了相撞事故，他迅速地转动赛车的方向盘，试图避开他们，但终究因为车速太快未能成功。结果，他撞到车道旁的墙壁上，赛车在燃烧中停了下来。当他被救出来时，手已经被烧伤，鼻子也不见了。体表烧伤面积达40%。医生给他做了7个小时的手术之后，才使他从死神的手中挣脱出来。

　　经过这次事故，尽管他的命保住了，可他的手却萎缩得像鸡爪一样。医生告诉他说："以后，你再也不能开车了。"

　　然而，他并没有因此而灰心绝望。为了实现那个久远的梦想，他决心再一次为成功付出代价。他接受了一系列植皮手术，为了恢复手指的灵活性，每天他都不停地练习用残余部分去抓木条，有时疼得浑身大汗淋漓，而他仍然坚持着。他始终坚信自己的能力。在做完最后一次手术之后，他回到了农场，换用开推土机的办法使自己的手掌重新磨出老茧，并继续练习赛车。

　　仅仅是在9个月之后，他重返了赛场！他首先参加了一场公益性的赛车比赛，但没有获胜，因为他的车在中途意外地熄了火。不过，在随后的一次全程200英里的汽车比赛中，他取得了第二名的成绩。

　　又过了2个月，仍是在上次发生事故的那个赛场上，他满怀信心地驾车驶入赛场。经过一番激烈的角逐，他最终赢得了250英里比赛的冠军。

　　他，就是美国颇具传奇色彩的伟大赛车手——吉米·哈里波斯。当吉米第一次以冠军的姿态面对热情而疯狂的观众时，他流下了激动的眼泪。一些记者纷纷将他围住，并向他提出一个相同的问题："你在遭受那次沉重的打击之后，是什么力量使你重新振作起来的呢？"

　　此时，吉米手中拿着一张此次比赛的招贴图片，上面是一辆赛车迎着朝阳飞驰。他没有回答，只是微笑着用黑色的水笔在图片的背后写上一句励志的话：把失败写在背面，我相信自己一定能成功！

1. 吉米·哈里波斯参加威斯康星州的赛车比赛时，遇到了什么意外的情况？

_____

2. 吉米·哈里波斯为了实现自己的赛车梦想，在经历事故之后，做了哪些事情让自己康复？

_____

3. 读完了吉米·哈里波斯的故事，你认为"把失败写在背面"的含义是什么？

_____

二、写一写

☆作文要求

　　项羽在破釜沉舟等一系列的成功之后遭遇了四面楚歌的失败，最终自刎乌江，吉米在失败致残后最终荣获桂冠。思考一下由成功到失败和由失败到成功之间的原因和规律，同学们请以《意外的_____》为题，写出自己由成功到失败或者由失败到成功的经过。

☆作文方法

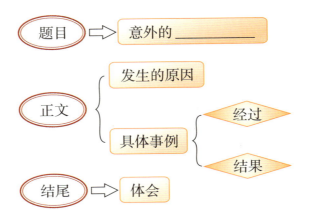

☆作文标准

（1）将题目补充完整。

（2）语句通顺，条理清楚，无错别字，无病句。

（3）借助动作描写、心理描写和神态描写，写出努力的经过和失败后沮丧的心情。

（4）说明道理，突出坚持的重要性。

三、想一想

你还知道项羽什么事迹？那些事迹和他最终的失败有关系吗？对此你有什么看法呢？

三字经

传二世，楚汉争。

第九章　汉家天下

1. 昭君出塞

单于①自言婿②汉氏以自亲③。元帝以后宫良家子王嫱④字昭君赐单于。单于欢喜，上书愿保上谷⑤以至敦煌，传之无穷，请罢⑥边备⑦塞⑧卒吏⑨，以休⑩天子人民。（《汉书·匈奴传》）

【释读】

呼韩邪单于自己说，希望做汉朝的女婿，让自己和汉朝亲近。汉元帝就把后宫从民间选来的女子王嫱（字昭君）赐给了单于。呼韩邪单于非常欢喜，上书汉元帝："愿保护东起上谷，西至敦煌的汉朝边塞的和平安宁，永远相传。请撤销边境防务和守塞的官吏士卒，使天子的小民获得休息。"

【注释】

①单于：单，音 chán。匈奴首领。

②婿：做女婿。

③自亲：与自己亲近。

④王嫱：嫱，音 qiáng。元帝时被选入宫，后奉召出塞与匈奴和亲。

⑤上谷：地名。

⑥罢：除去、免除。

⑦边备：边疆守备。

⑧塞：边塞。

⑨卒吏：士卒、官吏。

⑩休：休息，休养。

汉元帝后宫女子既多，不得常见，乃使画工图⑪形，案⑫图召幸⑬之。诸宫女皆赂画工，多者十万钱，少者亦不减五万。独王嫱不肯，遂不为帝所幸。匈奴入汉朝，求美人为阏氏⑭。于是上⑮案图，以昭君行。及去，召见，貌为后宫第一，善应对，举止娴雅。帝悔之，而名籍已定。帝重信于外族，故不复更⑯人。乃穷案⑰其事，画工皆弃市⑱，籍⑲其家资皆巨万。（葛洪《画工弃市》）

汉元帝后宫里的宫女已经很多了，不能经常见到，就令画工给宫女们画像，然后看画像，依照画像上的面貌选择召见宠幸宫女。所有宫女都贿赂画工，让画工把她们画得更漂亮，贿赂多的达十万钱，少的也不少于五万钱。只有王嫱不肯行贿，因此就被画得丑陋，得不到皇帝的召见。匈奴来朝拜，想求得美人做王后。于是皇帝察看图像，让画像上丑陋的王昭君去匈奴。临去时召见她，发现她的长相是皇宫里最美的，而且擅长对答，举止沉静文雅。皇帝很后悔，但是名册已经定下来了。皇帝对外国注重信义，所以不再换人。但接下来就追查行贿画工这件事，收贿赂的画工都被斩首于市集中。抄没画工的家产，都有亿万巨额。

【注释】
⑪图，画，用线条、颜色等描绘形象。
⑫案：通"按"。
⑬幸：此指皇帝与后宫女子同房。
⑭阏氏：音 yān zhī，匈奴王后的称号。
⑮上：古代对皇帝的称呼。此指汉元帝。
⑯更：换。
⑰穷案：彻底追查。
⑱弃市：在人众集聚的闹市，对犯人执行死刑，以示为大众所弃的刑罚。
⑲籍：没收财产归入官府。

2. 苏武牧羊

单于愈益欲降之①，乃幽②武，置大窖③中，绝不饮食④。天雨⑤雪，武卧啮⑥雪，与毡毛并咽之，数日不死。匈奴以为神，乃徙武北海⑦上无人处，使牧羝⑧，羝乳⑨始得归。武既至海上，廪食不至⑩，掘野鼠去⑪草实⑫而食之。杖汉节牧羊⑬，卧起操持⑭，节旄⑮尽落。（《汉书·苏武传》）

【注释】

①降之：让苏武投降。
②幽：囚，禁闭。
③窖：音 jiào，地穴。
④绝不饮食：不给他水喝，不给他饭吃。
⑤雨：像下雨一样往下掉。
⑥啮：音 niè，吃、嚼。
⑦北海：今俄罗斯的贝加尔湖。
⑧羝：音 dī，公羊。
⑨羝乳：公羊生小羊。
⑩廪食不至：廪，音 lǐn，公家不给他供应食物。
⑪去：去，通"弆"，音 jǔ，收藏。
⑫草实：野生的果实。
⑬杖汉节牧羊：拄着代表汉廷的节杖放羊。
⑭操持：拿着、握着。
⑮节旄：旄，音 máo，节上的牦牛尾毛。

【释读】

单于于是越发想要让他（即苏武）投降，就把苏武囚禁起来，关在大地窖里面，不给他吃的喝的。天下雪，苏武卧着嚼雪，同毡毛一起吞下充饥，几天都没有饿死。匈奴人认为这很神奇，就把苏武流放到北海边没有人的地方，让他放牧公羊，说等到公羊生了小羊才能放他回到汉朝。苏武被流放到北海后，没有粮食送来，只能掘取野鼠所储藏的野生果实来吃。他拄着汉廷的节杖牧羊，睡觉、牧羊都拿着，以至于系在节杖上的牦牛尾巴毛都全部掉落了。

识文解字

字　形	𣂁 𣥠 𣥠 武
偏　旁	止
字　音	wǔ
本　义	武器"戈"和"脚"的组合。表示拿着武器行走，即征伐、军事。
引申义	勇猛。
相关字	𢧵 𢧵 𢧵 戒 戒，两只手紧握着武器"戈"，戒备敌人。即"警戒、戒备"的意思。引申为"警告、告诫、禁制"。
词　语	文武：文德与武功；文治与武事。 武装：军事装备；用武器等装备起来；比喻用理论或知识来充实。
成　语	文韬武略：文武两方面的谋略。 孔武有力：孔，甚、很。形容人很有力气。

 融通运用

一、读一读

跳河的兔子

兔子的胆小是出了名的，它们经常受到惊吓，这些惊吓总是像石头一样压在它们的心上。

有一次，众多兔子聚集在一起，为自己的胆小无能而难过，悲叹自己的生活中充满了危险和恐惧。

它们越谈越伤心，就好像已经有许多不幸发生在自己身上，而这也就是它们之所以成为兔子的原因。到了这种地步，负面的想象便无止境地涌现出来。它们怨叹自己天生不幸，既没有力气去搏斗，也没有翅膀去飞翔，也没有牙齿能撕咬，日子只能在东躲西藏中度过，就连想要抛弃一切大睡一觉，也有什么都听得见的长耳朵的阻扰，赤红的眼睛也就变得更加鲜红了。

它们觉得自己的这种生活是毫无意义的，这又成了它们自我厌恶的根源。它们都觉得，与其一生心惊胆战，还不如一死了之好。

于是，它们一致决定从山崖上跳下去了结自己的生命，结束一切烦恼。就这样决定了，于是它们一齐奔向山崖，想要投河自尽。这时，一些青蛙正围在湖边蹲着，听到急促的脚步声，如临大敌，立刻跳到深水里逃命去了。

这是兔子每次到池塘边都会看到的情景，但是今天，有一只兔子突然明白了什么，它大声地说："快停下来，我们不必吓得去寻死觅活了，因为我们现在可以看见，还有比我们更胆小的动物呢！"

这么一说，兔子们的心情奇妙地豁然开朗起来了，好像有一股勇气喷涌而出，于是它们欢天喜地回家去了。

1. 兔子们为什么决定要从山崖上跳下去结束自己的生命？

_____

2. 兔子们为什么又决定不结束自己的生命呢？

_____

3. 这篇短文告诉了我们什么道理？

_____

二、写一写

☆作文要求

付出不一定会有回报，也许一次次的努力，换来的只是一次次失望，我们要学会坚强，持续不断地努力进取，才能做最好的自己。请记叙一件自己坚持努力的事情，题目自拟，300字左右。

☆作文方法

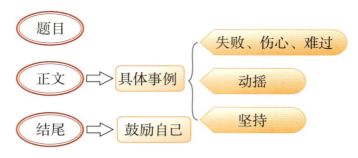

☆作文标准

（1）把想要放弃到坚强的过程写具体，做到语句通顺，条理清楚，无错别字，无病句。

（2）借助心理描写、神态描写，以及比喻的写作手法，写出内心的绝望。

（3）通过语言描写突出坚强后的激动，以及成功的故事。

（4）说明道理，表达真情实感。

三、想一想

"昭君出塞""苏武牧羊"分别代表一种古代中国国与国之间的相处方式，请用两个词来表达。

名言警句

1. 约法三章：与父老约，法三章耳；杀人者死，伤人及盗抵罪。（《史记·高祖本纪》）

2. "天下恶乎定？"吾对曰："定于一。""孰能一之？"对曰："不嗜杀人者能一之。"（《孟子·梁惠王上》）

释　读

1. 约定法律的三条罪名：杀人的人处死，打伤人或者偷盗，抵偿相应的罪名和刑罚。后来泛指订立简单的条款，以资遵守。

2. 梁惠王问："天下怎么才能安定？"我回答他说："统一了就安定了。"他又问："谁能够统一天下呢？"我回答说："不喜好杀人的人能够统一天下"。

三字经

高祖兴，汉业建。至孝平，王莽篡。

光武兴，为东汉。四百年，终于献。

第十章　三国鼎立

 经典溯源

1. 刮目相看（吴下阿蒙）

初，权①谓吕蒙②曰："卿③今当涂④掌事，不可不学！"蒙辞以军中多务。权曰："孤⑤岂欲卿治经为博士邪！但当涉猎⑥，见往事耳。卿言多务，孰若孤？孤常读书，自以为大有所益。"蒙乃始就学。及鲁肃过⑦寻阳，与蒙论议，大惊曰："卿今者才略，非复⑧吴下阿蒙！"蒙曰："士别三日，即更刮目相待，大兄⑨何见事之晚乎！"肃遂拜蒙母，结友而别。（《三国志·吴志·吕蒙传》）

【释读】

当初，孙权对吕蒙说："你现在当权掌管事务，不可以不学习！"吕蒙用军中事务繁多来推辞。孙权说："我难道想要你研究儒家经典，成为专掌经学传授的博士吗？我只是让你泛览书籍，了解历史罢了。你说军务繁多，哪个像我事务多呢？我经常读书，自己认为很有好处。"吕蒙于是开始学习。当鲁肃到寻阳的时候，鲁肃和吕蒙一起谈论议事，鲁肃十分吃惊地说："你现在的（军事方面和政治方面的）才干和谋略，不再是原来的那个吴县的（没有学识的）阿蒙了！"吕蒙说："读书人（君子）分别几天，就重新擦亮眼睛看待对方了，兄长你认清这件事为什么这么晚呢？"于是鲁肃拜见吕蒙的母亲，和吕蒙结为朋友后才分别。

【注释】

①权：孙权（182年—252年），字仲谋，吴郡富春（今浙江杭州富阳区）人。三国时代东吴的建立者。

②吕蒙：（179年—220年），字子明，东汉末年吴国名将，汝南富陂人（今安徽阜南吕家岗）。

③卿：古时君对臣，长辈对晚辈或朋友之间的爱称。

④当涂：涂，通"途"，当权。

⑤孤：古时君王的自称，我。

⑥涉猎：泛览，粗略地阅读。

⑦过：到。

⑧非复：不再是。

⑨大兄：长兄，这里是对同辈年长者的尊称。

2. 乐不思蜀

司马文王[1]与禅[2]宴，为之作故蜀技[3]，旁人皆为之感怆[4]，而禅喜笑自若。王谓贾充[5]曰："人之无情，乃可至于是乎！虽使诸葛亮在，不能辅之久全，而况姜维邪？"充曰："不如是，殿下[6]何由并之。"他日，王问禅曰："颇思蜀否？"禅曰："此间乐，不思蜀。"（《三国志·蜀书·后主传》）

【释读】

司马昭宴请刘禅，故意安排旧时蜀国的歌舞，在旁的人都为刘禅的亡国感到悲伤，而刘禅却欢乐嬉笑，无动于衷。司马昭看见这种情形就对贾充说："想不到刘禅竟糊涂到了这种地步，即使诸葛亮活到现在，也不能辅佐他让他保全蜀国，何况是姜维呢！"贾充说："他不是如此，殿下您又怎么能吞并他呢。"有一天，司马昭问他说："你是否会思念蜀地？"刘禅回答说："这里很快乐，不思念蜀国。"

【注释】

①司马文王：指司马昭。他死后，被尊称为文帝，故这里称"文王"。
②禅：音 shàn，刘禅，刘备之子。
③蜀技：表演四川的歌舞。技，同"伎"。
④怆：音 chuāng，悲伤。
⑤贾充：司马昭父子的亲信。
⑥殿下：汉代以后，对太子、亲王的尊称。

识文解字

字 形	𝖉 𝖉 鼎 鼎
偏 旁	目
字 音	dǐng
本 义	象形字，古代煮东西的器物，多用青铜制成，三足两耳。也有方形四足的。统治者表示尊严的庙堂礼器，这种礼器只有国君才可拥有，是政权的象征。
引申义	大、重、盛大。
相关字	钟，本义编钟，古代大型打击乐器。多用青铜制成，是财富、权利的象征。后为计时器具。
词 语	鼎足：鼎的三条腿。比喻三方对峙的态势。 鼎臣：重臣，大臣。
成 语	钟鸣鼎食：击钟列鼎而食，形容贵族的豪华排场。 人声鼎沸：人群的喧哗声像水在锅里沸腾一样。形容人声喧闹嘈杂。

 融通运用

一、读一读

勇于承认错误

孔子说：人非圣贤，孰能无过？关键是，当我们犯错时，不要一味地把过失推给别人，要能立即面对错误，检讨原因。

有一次，老师不在，班上的同学大吵大闹，我也不例外。老师回来听见了，非常生气，便要大家自己承认错误，吵闹的人自觉站起来，主动接受处罚。我听了之后，非常害怕，想要站起来，但怕被处罚不敢站起来，又怀着侥幸心理，觉得老师可能没有看见我吵闹。犹豫不决，最后我横下一条心，不站！

老师严厉的目光从每一个同学脸上扫过，我似乎感觉到那目光像一把剑一样直射向我，我的脸上火辣辣地灼烧，我自己都感觉到脸上滚烫、灼热。同学们用异样的眼光看着我，我如坐针毡，可我依然没有勇气站起来。老师最终没有继续追究，我于是蒙混过关了。但是这件事一直烙印在我的心中，让我觉得撒谎要承受巨大的压力和痛苦。所以我暗暗地下了决心，以后做错事就要勇于认错！

做错事时，就要勇于认错。做错事，并不是一件可耻的事。可耻的是，做错事以后不认错、不反省。何况做错事时，好好的检讨自己，就可以从中学到教训，让自己更上一层楼。

如果做错事，却不承认，会感觉自己正背着沉重的大包袱，忐忑不安，有的时候，甚至还会因此而说出更多谎言，谎言犹如一朵鲜花，外表美丽，生命却短暂。

承认过错的人是"勇者"，不再犯错的人是"智者"，做错事时，就要勇敢的承认自己的错误，并且好好反省，这才是最好的！

1. 我为什么决定"不站"？

_____

2. 从这件事情中，"我"得到了什么启示？

_____

3. 在生活中，如果你做错了事情，你是否有勇气承认错误？为什么？

_____

二、写一写

☆作文要求

你犯过错吗？在什么情况下犯过错呢？犯错以后有什么后果呢？请同学们写一写自己犯错的经过，让我们都做一个知错能改的好孩子吧，题目自拟，300 字左右。

☆作文方法

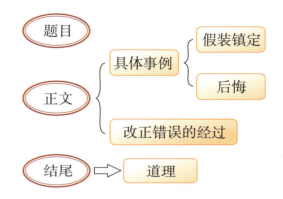

☆作文标准

（1）语句通顺，条理清楚，无错别字，无病句。

（2）通过对比，写出犯错误以后的假装镇定和后悔。

（3）这是一篇写事的文章，重点写出改正错误的经过。

（4）点明中心：知错能改。

三、想一想

吕蒙为什么能令鲁肃刮目相看？

三字经

魏蜀吴，争汉鼎。号三国，迄两晋。

名言警句

1. 勿以善小而不为，勿以恶小而为之。惟贤惟德，能服于人。（《三国志·蜀志·先主传》）

2. 士别三日，即更刮目相待。（《三国志·吴志·吕蒙传》）

释　读

1. 不要因为是件较小的坏事就去做，不要因为是件较小的善事就不去做。只有贤德的人，才能让人信服。

2. 读书人（君子）分别几天，就得重新擦亮眼睛看待（他）了。

第十一章　两晋风度

 经典溯源

1. 击楫中流

时帝①方拓定江南，未遑②北伐，逖③进说，帝乃以逖为奋威将军、豫州刺史，给④千人廪，布三千匹，不给铠仗⑤，使自招募。仍将⑥本流徙⑦部曲⑧百余家渡江，中流⑨击楫⑩而誓曰："祖逖不能清中原而复济⑪者，有如大江！"辞色⑫壮烈，众皆慨叹。（《晋书·祖逖传》，有删节）

【释读】

当时元帝（司马睿）刚刚拓展平定了江南地区，没有北伐的志向，祖逖就进言北伐，元帝听了祖逖的话以后，就任命祖逖为奋威将军、豫州刺史，但仅仅拨给他一千人的口粮和三千匹布，不供给铠甲和兵器，让祖逖自己招募士兵。祖逖就带领着先前一同流亡来的部属几百户乡亲一起渡过长江，船到江心，他用船桨敲击着船舷发誓说："我不能扫平中原而再来渡过这条江的话，就像大江流逝不能复返。"他言辞神色慷慨壮烈，大家都为之慨叹。

【注释】

①帝：晋元帝司马睿，东晋第一位皇帝。

②未遑：表示没有时间，来不及。

③逖：音 tì，祖逖（266 年—321 年），字士稚，东晋军事家。

④给：(jǐ) 供应，提供。

⑤铠 (kǎi) 仗：铠甲、头盔和作战兵器。

⑥将：统率，指挥。

⑦流徙：迁移，转移。

⑧部曲：古代豪门大族的私人军队，带有人身依附性质。

⑨中流：水流的中央，渡程中间。

⑩击楫：拍击船桨。

⑪济：渡，过河。

⑫辞色：言辞和神色。

2. 风声鹤唳，草木皆兵

秦兵①逼②淝水③而阵④，晋兵⑤不得渡。……

秦兵遂退，不可复止，谢玄⑥、谢琰、桓伊引兵渡水击之。融⑦驰骑略阵⑧，欲以帅退者，马倒，为晋兵所杀，秦兵遂溃。玄等乘胜追击，至于青冈⑨。秦兵大败，自相蹈籍⑩而死者，蔽野塞川。其走者闻风声鹤唳，皆以为晋兵且至，昼夜不敢息，草行露宿，重以饥冻，死者十七八。(《资治通鉴》)

【释读】

前秦军队紧靠淝水列兵，摆开阵势，晋军不能渡河。

……

前秦军队就撤退，一退就无法阻止。谢玄、谢琰、桓伊等人率领军队渡过淝水攻击前秦军队。符融骑马在阵地上飞跑巡视，想统帅约束、阻止那些退却的士兵，但战马倒了，他被晋兵所杀，前秦军队于是溃败。谢玄等人乘胜追击，追到了青冈。前秦兵大败，自己互相踩踏而死的，尸体多得覆盖了田野，堵塞了河流。那些败逃的秦兵听到风声和鹤鸣声，都以为是东晋的追兵即将赶到，白天黑夜不敢歇息，拼命逃跑。在草野中行军，露水中睡觉，加上挨饿受冻，死去的人十个中有七八个。

【注释】

①秦兵：前秦军队。前秦（350 年—394 年）是东晋十六国时期的政权之一。352 年符坚称帝，定都长安（今西安汉长安城遗址）。

②逼：靠近。

③淝水：淝水又作肥水，源出肥西、寿县之间的将军岭。

④阵：陈兵布阵。

⑤晋兵：东晋军队。

⑥谢玄：谢玄（343 年—388 年），字幼度。陈郡阳夏（今河南太康）人。东晋时期军事家，豫州刺史谢奕之子、太傅谢安之侄。

⑦融：符融（340 年—383 年），字博休，氐族，前秦宣昭帝符坚幼弟，封阳平公。略阳临渭（今甘肃天水东北）人。

⑧略阵：巡视指挥军队。

⑨青冈：地名。

⑩蹈籍：踩踏、践踏。

 **识文解字**

字　形	甾　甾　曹　晉　晋
偏　旁	日
字　音	jìn
本　义	两支箭插入容器中，插。
引申义	进
相关字	缙，本义"插"。缙绅，插笏、垂带的人，即做官或者做过官的人。
词　语	晋升：提升（职位、等级等）。 晋见：进见；前去会见。
成　语	加官晋爵：爵，爵位，君主国家封贵族的等级。旧时指官职提升。

融通运用

一、读一读

当你选择奋斗

俞敏洪

　　大家知道，滑雪的最大角度是 35 度。前几年冬天有一次滑雪，我从一个 30 多度的坡上高速冲下去，拐弯没拐好，摔倒在地，整个脚踝被扭断。我在病床上每天吃止痛药，吃了 3 个月疼痛才消失。

　　去年我去日本北海道滑雪，在雪道上整整坐了 15 分钟不敢下去，两年前把脚扭断的恐惧还在心里。但是我知道，如果这个坡不下去，这辈子我就别再滑雪了。我咬了咬牙，心想，顶多再摔断另外一条腿，但这一次非下去不可。结果滑下去以后，什么都没发生，我对滑雪的恐惧一下子消失了。

　　我们一生要做很多选择，第一步总是最难的。我从北大辞职的一瞬间人是蒙的，不知道自己能干什么。有人告诉我："俞老师，我根本不敢迈出第一步，因为我不知道接下来会发生什么。"其实我很理解这种想法，就像我刚开始做新东方时只有 13 个学生，根本不知道后面会发生什么。但是事实就是，第二步一定是跟在第一步后面的，如果你不迈出第一步，你怎么会有第二步呢？你必须克服恐惧，做出选择，并奋斗不息。

生命就是这样，敢于选择第一步才能有第二步、第三步，就算一无所有，又怕什么呢？只要是你自己的选择，生命就没有后悔。生命真正的后悔来自于你从来不选择，或者不做主动的选择。

1. 如果你是作者，面对滑雪的恐惧，你还会滑雪吗？

_____

2. 联系全文，为什么作者说"第一步总是最难的"？

_____

3. 读了这篇文章，你认为当自己选择了奋斗之后，应该怎样做呢？

_____

_____

二、写一写

☆作文要求

我爱我家，我家是最快乐的一家，写写发生在家里快乐的事情吧。题目自拟，300 字左右。

☆作文方法

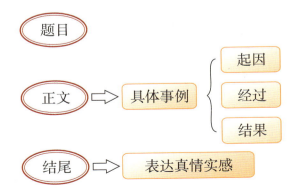

☆作文标准

（1）语句通顺，条理清楚，无错别字，无病句。

（2）通过语言和动作描写的方法，写出具体事例。

（3）让我们也能感受到快乐哟。

三、想一想

淝水之战是中国历史上著名的以少胜多的战争，前秦80万大军却败于东晋8万军队，查一查资料，思考一下其中的原因。

三字经

宋齐继，梁陈承。为南朝，都金陵。

北元魏，分东西。宇文周，与高齐。

名言警句

1. 人事有代谢，往来成古今。（孟浩然《与诸子登岘山》）

2. 恶不可积，过不可长。（《三国志·吴书·陆凯传》）

释　读

1. 人间世事不停地交替变换，一代接一代永远今来古往。

2. 坏事不可积累，过错不可任它滋长。

第十二章　隋代风云

 经典溯源

1. 杨广夺位

炀①皇帝，讳②广，高祖第二子也。上③美姿仪，少敏慧，高祖及后于诸子中特所钟爱。上好学，善属文④，沉深严重，朝野属望。既而高祖幸⑤上所居第，见乐器弦多断绝，又有尘埃，若不用者，以为不好声妓，善之。上尤自矫饰，当时称为仁孝。尝观猎遇雨，左右进油衣⑥，上曰："士卒皆沾湿，我独衣此乎！"乃令持去。

【释读】

隋炀帝，名广，是高祖第二个儿子。皇上（指炀帝）容貌俊美，年少聪慧，在诸位皇子中，高祖和皇后最喜欢他。皇上又非常爱好学习，擅长写文章，为人沉着谨慎严肃稳重，深受朝野关注、期望。后来高祖到他的居所，见到乐器的弦大多是断的，上面还有尘埃，好像很久没用了，就认为他不爱好声乐、歌妓，于是更认可他了。皇上更加矫揉造作掩饰自己，被当时的人们称赞为仁孝。他曾经在观赏打猎的时候遇到下雨，身边的人为他送上雨衣，他却说："士卒们都被雨淋着，我难道一个人穿它吗！"就命人拿走。

【注释】

①炀：音 yáng，即隋炀帝杨广。
②讳：音 huì，称尊长的名字时所用的敬词。
③上：此处指隋炀帝杨广。
④属文：属，音 zhǔ，写文章。
⑤幸：皇帝到某地。
⑥油衣：雨衣。

初，上自以藩王，次⑥不当立，每矫情饰行，以钓虚名，阴有夺宗之计。时高祖雅⑦信文献皇后⑧，而性忌妾媵⑨。皇太子勇内多嬖幸，以此失爱。帝后庭有子，皆不育之，示无私宠，取媚于后。及太子勇废，立上为皇太子。（《隋书·炀帝纪》）

开始，皇上因为自己是诸侯王，按照次序不应当被立为太子，常常掩饰真情，美化行为，以此获取虚名，暗中有夺取太子地位的打算。当时高祖非常信任文献皇后，而皇后生性忌恨妃妾。皇太子杨勇内官有很多宠爱的妃妾，因此失去了皇后的喜爱。皇上当时妃妾也生有孩子，但皇上都不抚养，表示不宠爱妃妾，以此向皇后讨好。等到太子杨勇被废，他就被立为皇太子。

【注释】

⑥次：排行第二。

⑦雅：很，非常。

⑧文献皇后：即隋文帝独孤皇后。

⑨妾媵：以侄娣从嫁，称媵（yìn）。后以"妾媵"泛指侍妾。

2. 秀色可餐

隋炀帝至汴①，帝御龙舟，萧妃乘凤舸，锦帆彩缆，穷极侈靡。每舟择妙丽长白女子千人，执雕板镂金楫②，号为殿脚女③。一日帝将登凤舸，凭④殿脚女吴绛仙肩，喜其柔丽，不与群辈齿⑤，爱之甚，久不移步。绛仙善画长蛾眉，帝色不自禁，回辇召绛仙，将拜婕妤⑥。适值⑦绛仙下嫁为玉工万群妻，故不克谐。帝每倚帘视绛仙，移时不去，顾内谒者⑧云："古人言秀色若可餐，如绛仙真可疗饥矣！"（颜师古《大业拾遗记》）

【释读】

到了汴水，隋炀帝乘坐龙舟，萧妃乘坐凤船，锦绣风帆彩色缆绳，穷奢极欲。每艘船上都选择了美丽曼妙高挑的女子上千人，手里拿着雕刻精美雕镂金子的船桨，这些女子被称为天子脚下的女人。一天，炀帝登上凤船，倚靠在一个叫吴绛仙的女子的肩膀上，喜欢她温婉美丽，与其他女子不一样，对她非常喜爱，久久不从她身边移开脚步。吴绛仙擅长画长长的飞蛾一样的眉毛，炀帝情不自禁地盯着她看。回到他的龙船上还回头召见吴绛仙，要封她为婕妤。刚好碰上吴绛仙嫁给一个叫万群的人做妻子，因此没有成功。炀帝每次倚着帘幕看吴绛仙，很久都不离开。回头对内侍说："古人说漂亮的容颜好像可以吃一样，像吴绛仙这样的容貌，真是可以疗救饥饿啊"。

【注释】

①汴：音 biàn，古称卞（音 biàn）水，指今河南省荥（xíng）阳县西南索河。隋开通济渠，中间自今荥阳至开封的一段就是原来的汴水古州名。

②雕板镂金楫：雕刻精美，雕镂（音 lòu）金子的船桨。

③殿脚女：天子脚下的女人。

④凭：倚靠。

⑤齿：并列。

⑥婕妤：音 jié yú，宫中嫔妃的级别。

⑦值：遇上，正值。

⑧内谒者：谒，音 yè。是宫中官名。掌内外传旨通报之事，多由宦官担任。

识文解字

字　形	迨
偏　旁	辿　辶　辵　辵　辶 辶，一条通道和一只脚，合起来表示"走"或"跑"的意思。
字　音	dài
本　义	及、到，到达，等到。
相关字	逐、巡
词　语	不迨：不及。 迨至：及至，等到。

 融通运用

一、读一读

我的五叔

在夜深人静的时候，我在怀念已经去世的父母时，不由自主地会想起我的五叔。

五叔一生酷爱干净，不论是一个人生活，还是一家人过日子，他总是把家里收拾得干干净净，一尘不染；把自己收拾的利利索索，显得非常的精神。每次到了他的家里，锅灶上总是明光发亮，被子叠得整整齐齐，从来没有光棍汉那种邋里邋遢的感觉。他的心态非常阳光，很少见他愁眉苦脸，总是把笑容挂在脸上，似乎无忧无虑，快快乐乐地过好每一天。

五叔是一个十分好强的人。年轻的时候，曾被拉去当过壮丁；反正到哪儿都是"一个人吃饱，全家不饿"，倒也无所谓。记得，一次他带领我们这些半大小伙子劳动休息闲聊时，一时兴起，竟拿着锄把比划着打仗拼刺刀，操练得倒也有板有眼，真还有点旧时代军人的英姿。随后，他又给我们唱起了军歌，他的嗓音跟破锣一样让人不敢恭维，然而他依然站得端端正正，挺胸抬头，慷慨激昂，那种虔敬的样子实在叫人忍俊不禁。

五叔勤劳肯干，在生产队里除非头疼脑热偶尔请上个假，他总是积极参加劳动，很少误工缺勤，把生产队看作自己的家。年龄大了，他成了"五保户"，依然坚持日出而耕，日落而息，在生产队里干一些诸如看苜蓿，拔草间苗等力所能及的活路。

五叔，一生勤勤恳恳，为农业社奉献了一辈子，是一个自食其力，艰苦奋斗了一辈子的苦命人。他为人耿直，遇事不钻牛角尖，是一个心胸开朗、随遇而安、无忧无虑、豁达乐观的人。

1. 短文一共写了五叔哪几件事情？

_____

2. 联系上下文，说说"忍俊不禁"是什么意思？

_____

3. 五叔身上有哪些值得我们学习的好品质？

_____

二、写一写

☆ 习作要求

可爱的我，漂亮的我，千变万化的我，我还是我，请以《可爱的我》为题，介绍自己，300 字左右。

☆ 习作方法

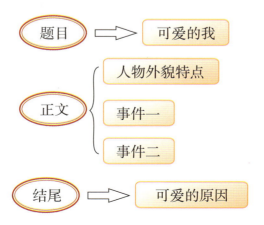

☆习作标准

（1）语句通顺、条理清楚、无错别字，无病句。

（2）学会用动作和心理描写，写出可爱的具体事例。

（3）这是写人记事的文章，一定要通过具体事例来突出中心。

三、想一想

读完了两个关于隋炀帝的故事，你认为隋炀帝有什么样的性格特征？

三字经

迨至隋，一土宇。不再传，失统绪。

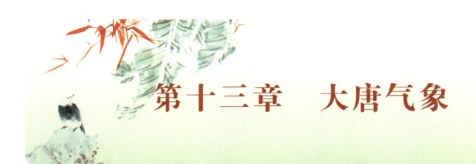

第十三章　大唐气象

 经典溯源

1. 圣君良臣

魏征状貌不逾中人，而有胆略①，善②回③人主意，每犯颜苦谏。或逢上④怒，征神色不移，上亦为之霁威⑤。尝谒告⑥上冢，还，言于上曰："人言陛下欲幸南山⑦，外皆严装⑧已毕⑨，而竟不行，何也?"上笑曰："初实有此心，畏卿嗔⑩，故中辍⑪耳。"

上尝得佳鹞⑫，自臂⑬之，望见征来，匿⑭怀中，征奏事固⑮久不已⑯，鹞竟⑰死怀中。(《资治通鉴》)

【释读】

魏征的样貌虽不超过一般人，却有胆识谋略，善于让皇帝回心转意。魏征总是触犯龙颜当面直言规劝。有时遇到皇上特别生气，魏征却面不改色，皇上也就息怒了。魏征曾请假回家上坟，回来后对皇上说："听别人说，皇上打算去南山游玩，一切已经安排妥当、整装待发。但现在居然又不去了，是什么原因呢?"皇上笑答："起初确实有这样的打算，但是担心爱卿你责怪，所以就半路停下了。"

皇上曾得到一只很好的鹞鹰，放在手臂上把玩，看见魏征前来，藏到怀中。魏征上奏故意久久不停，鹞鹰最终闷死在皇上怀中。

【注释】

①胆略：胆识谋略。略，谋略。
②善：擅长，善于。
③回：回转，扭转。
④上：指唐太宗李世民（唐朝第二个皇帝）。
⑤霁威：息怒。霁，音 jì，收敛。
⑥谒告：请假。谒，音 yè。
⑦南山：终南山，在今西安市东南七八十里。
⑧严装：装备整齐。
⑨毕：完成。

⑩嗔：音 chēn，生气。
⑪中辍：中止。辍，音 chuò，停止。
⑫鹞：音 yào，猛禽。像鹰而体形较小，捕食小鸟。
⑬臂：手臂，这里为动词，意思是用手臂架着。
⑭匿：音 nì，藏。
⑮固：同"故"，故意。
⑯已：停止。
⑰竟：最终。

2. 金龟换酒

李太白初至京师，舍①于逆旅②，贺监知章闻其名，首访之。既奇其姿，复请所为文，出《蜀道难》以示之，读未竟③，称赏者数四，号为谪仙④。（孟棨《本事诗》）

太子宾客贺公，于长安紫极宫一见余，呼余为"谪仙人"，因解金龟⑤，换酒为乐。（李白《对酒忆贺监诗序》）

【释读】

唐天宝元年，诗人李白来到京城长安。他在长安没有一个朋友，就孤身一人住在小客店里。贺知章很早就读过李白的诗，极为仰慕他的名声，率先去拜访他。觉得李白容貌非凡，又向李白要新作的诗看，李白拿出《蜀道难》给他看，还没有读完，就多次称赞夸奖，当他读完《蜀道难》时，惊讶地对李白说："看来，你就是天上下凡的诗仙呀！"

太子宾客贺知章公，在长安的紫极宫第一次见到我，就称呼我是"上天下凡的神仙"，我们一起喝酒，他把腰间的金龟官印都解下来换酒喝，以此尽兴。

【注释】

①舍：投宿。
②逆旅：旅舍、旅店。
③竟：完，结束。
④谪仙：谪，音 zhé，被贬谪下凡的仙人。
⑤金龟：唐代官员的一种佩饰。唐初，内外官五品以上，皆佩鱼袋。武后天授元年，改内外官佩鱼为佩龟。三品以上龟袋用金饰，四品用银饰，五品用铜饰。中宗初罢龟袋，复佩鱼。

识文解字

字　形	𝕆　祖　祖　祖
偏　旁	示　示　示　示 摆放祭祀品的祭桌（或灵石）。引申为摆出来，即给人看。 且，此处指神祖牌位。
字　音	zǔ
本　义	祭祀祖先。
引申义	祖先、长辈、某个行业的创始人。
相关字	祈、祷。
词　语	祖宗：家族较早的先辈；民族的祖先。 先祖：已故的祖父；祖先。
成　语	开山鼻祖：比喻一个学术流派、技艺的开创者。 光宗耀祖：让宗族光彩，使祖先荣耀。

 融通运用

一、读一读

一双脚上的修养

市图书馆离我家很近，每逢双休日，我都会到图书馆的阅览室去翻阅一些报纸和杂志。每次来这里，总看到座无虚席的场面，有时，大家还会围绕一些文学现象进行交流。在这紧张而喧嚣的都市里，能保持一份阅读的闲情，是难能可贵的。所以，在我看来，这里的每一个人，都有着一定的层次和修养。

北方冬天的雪大，雪一下，许多麻烦就随之而来了。走在街上，鞋上会粘满脏雪。从天寒地冻的室外进入室内，脏雪马上就会化作污水。所以人走过的地方，往往会留下两行黑乎乎的脚印。正是在一个雪天，我走进阅览室时发现了异样。屋子里多了一个擦地的女工，她看我进来，竟紧张地盯着我的脚，手操脚抹布，如临大敌。我故作视而不见，从她身边走过。可直觉告诉我，她正跟在我的身后。我猛一回头，把她吓了一跳，我自己也吓了一跳。我吃惊于自己留下的那行脚印。在淡黄的地板上，显得如此扎眼。而那个擦地女工，正在奋力擦抹。

坐到座位上，想着刚才的脚印，愧怍油然而生，再也无心看书了。阅览室是一个开放的公共场所，来往进出的人很多。我注意到，每个进来的人都在犯着同我一样的毛病，浑然不觉自己的双脚正在恶作剧式的在刚刚被擦干净的地板上涂鸦。于是，那个女工就不停地跟在进进出出的人后面，擦了再擦。不断的踩踏与不断地擦抹，似一场破坏与复原的拉剧战，在阅览室里上演着，让人心惊。渐渐地，那个疲于擦地的女工，额头已经见汗。

忽然有种感觉，每一双进出的脚都充满着罪恶，因为，它们是在不断践踏着别人辛苦取得的劳动成果，是在破坏着一种美好与和谐。

不知过了多久，人才们渐渐坐定了，擦地女工也得以有机会喘口气，歇一歇。但就在这时，那扇门又被悄悄推开了。一个男人伸头朝里面看了看，似乎想进来，但又把头缩了回去。不一会儿，两扇门都被推开了。还是刚才那个男人，这次，他是肩扛一桶纯净水进来的。突然，一阵"沙、沙"的响声，伴着送水男人走路的脚步，引起了所有人的注意。

我开始从上向下打量他：老旧的棉帽子、军绿大衣……最后我看到了他的双脚，惊异万分！男人的两只脚上，竟然都套着一个塑料袋。他一走动，塑料袋就会发出"沙、沙"的响声。因为套了塑料袋，所以他走过的地方没有一点污迹，还是那样干干净净的。我注意到，那个擦地的女工，站在那里表情复杂地盯着送水的男人，看他放好水，慢慢离开阅览室。而当她再次转过头来，我发现她眼里竟有泪光涌现。

这个下雪的周日里，我没有看书，我一直在思考"修养"这个词。我想：修养并不是一个人比别人多认识一些字，多读了几本书；或是一个人了解《红楼梦》的情节，会背莎士比亚的一些名句。修养应该是一个人举手投足间对他人的理解和体谅。就像那个送水工，知道在雪天里，进入室内之前用塑料袋把两只脚都套上。

1. 默读文章，用"____"勾画出送水男人进门的做法，并说说他为什么这么做？

   _____

   _____

2. 默读第三段，想想擦地的女工看见送水男人的做法，为什么"眼里竟有泪光涌现"？

   _____

   _____

3. 读了这篇文章，联系自己的生活实际，说说什么是修养。

   _____

   _____

二、写一写

☆习作要求

　　小朋友们，有没有因为他人有修养而让你倍觉感动的经历呢？请同学们以《令人感动的经历》为题写一篇作文，300 字左右。

☆习作方法

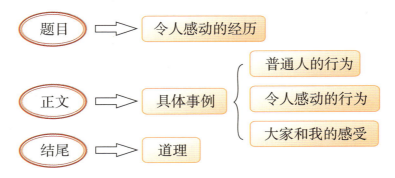

☆习作标准

（1）语句通顺、条理清楚、无错别字、无病句。

（2）别人好心相劝时候的语言写详细，此处的语言一定要为劝告服务。

（3）点明中心，说明道理。

三、想一想

身为皇帝的唐太宗为什么惧怕臣子魏征？

三字经

唐高祖，起义师。除隋乱，创国基。
二十传，三百载。梁灭之，国乃改。
梁唐晋，及汉周。称五代，皆有由。

名言警句

1. 君者，舟也；庶人者，水也；水则载舟，水则覆舟。（《荀子》）

2. 以铜为镜，可以正衣冠，以史为镜，可以知兴替，以人为镜，可以明得失。（《旧唐书·魏征传》）

释读

1. 君王好比是船，百姓好比是水，水可以使船行驶，也可以使船淹没。

2. 用铜做镜子，可以整理好一个人的穿戴；用历史作为镜子，可以知道历史上的兴盛衰亡；用他人作自己的镜子，可以知道自己的得失。

第十四章　两宋风雨

 经典溯源

1. 杯酒释兵权

帝与守信①等饮酒，酒酣②，帝曰："我非尔曹③不及此，然吾为天子，殊不若为节度使④之乐，吾终夕未尝安枕而卧。"守信等顿首⑤曰："今天命已定，谁复敢有异心，陛下何为出此言耶？"帝曰："人孰⑥不

【释读】

宋太祖就与老朋友石守信等饮酒，饮至尽兴时，太祖对石守信等人说："若不是你们的鼎力相助，我今日不能达到这样的地位，我非常感激大家对我的恩德，始终没有忘记过。可做皇帝也有做皇帝的难处啊，完全没有节度使的快乐，如今我从早到晚没一天睡过安稳觉。"石守信等人惶恐不已地叩头说道："现在天子地位已经安全，谁敢有异心？陛下因何说出这样的话？"太祖说："诚然，大家并无此心，

【注释】

①守信：石守信（928年—984年），浚仪（今河南开封）人。北宋开国将领。
②酣：畅快，尽兴。
③尔曹：你们。
④节度使：官名。唐初沿北周及隋朝旧制，重要地区置总管统兵，旋改称都督，惟朔方仍称总管。
⑤顿首：指磕头。古代的一种交际礼仪。跪拜礼之一，为正拜。
⑥孰：谁，哪个。

欲富贵，一旦有以黄袍加汝之身，虽欲不为，其可得乎。"守信等谢曰："臣愚不及此，惟陛下哀矜⑦之。"帝曰："人生驹过隙⑧尔，不如多积金，市⑨田宅以遗⑩子孙，歌儿舞女以终天年。君臣之间无所猜嫌，不亦善乎。"明日，皆称病，乞解兵权，帝从之，皆以散官⑪就第⑫，赏赉⑬甚厚。（《宋史·石守信传》）

但你们的部下将领谁不想富贵？有朝一日，他们将黄袍披在你们的身上，即便你们不想做，也是由不得了。"石守信等人连连叩头哭泣着说："臣等愚昧无知，还没想到这一步，只求陛下怜悯，给我们指条生路。"太祖说："人生一世就如白驹过隙，非常短暂，不如多积累金钱，买田地屋宅，给子孙后代留下永久的基业。多多置办一些歌童舞女，每日饮酒娱乐，以终天年，君臣之间互不猜疑，不也是很好吗？"第二天，石守信这些将领都自称有病不能朝见拜谒，请求太祖解除他们手中的兵权。太祖同意了，都以闲散的官职回到家里，太祖赏赐他们丰厚的财物。

【注释】

⑦哀矜：矜，音 jīn，哀怜，怜悯。

⑧驹过隙：即白驹过隙，意思为比喻时间过得快，光阴易逝。

⑨市：买。

⑩遗：遗留。

⑪散官：表身份而无实际职务的官职。

⑫第：府邸，宅第。

⑬赏赉：赉，音 lài，赏赐，赠送。

2. 岳飞之死

时兀术①遗秦桧书曰："汝朝夕以和请，而岳飞方为河北图②，必杀飞乃可和。"桧亦以飞不死，终碍和议，己必及祸，故力谋③杀之。桧命中丞何铸、大理卿周三畏④鞫⑤之。铸引⑥飞至庭，诘⑦其反状⑧。飞裂裳以背示铸，有旧涅⑨"尽忠报国"四大字，深入肤理。铸察⑩其冤，白⑪之桧。桧曰："此上⑫意也。"桧曰："飞子云与张宪⑬书，虽不明其事体，'莫须有⑭'。"世忠曰："'莫须有'三字，何以服天下也？"（《宋史·岳飞传》）

【释读】

当时金兀术给秦桧写信说："你早晚以金宋议和奏请朝廷，但是岳飞正计划夺取黄河以北地区呢，所以一定要杀掉岳飞才可能议和。"秦桧认为岳飞不死，始终要阻碍议和，一定会让自己受牵连遭祸患，因此极力谋划杀掉岳飞。秦桧命令中丞何铸、大理卿周三畏将岳飞拘押起来。何铸将岳飞召到庭中，质问他反叛的罪状。岳飞脱下衣服将背部给他看，背上有原来刺下的"尽忠报国"四个大字，深入皮肤之中。何铸觉察到岳飞冤枉，报告秦桧。秦桧不高兴地说："这是皇上的意思。"秦桧说："岳飞的儿子岳云给张宪写信，虽然没有查明写的什么内容，但是这个不是必须有证据。"世忠说："'莫须有'这三个字，怎么能让天下人信服？"

【注释】

①兀术：音 wù zhú，即金兀术，完颜宗弼（？—1148 年 11 月 19 日），女真族，太祖完颜阿骨打第四子，金朝名将、开国功臣。

②图：谋划，谋取。

③谋：谋划。

④中丞何铸、大理卿周三畏：中丞、大理卿，官名。何铸、周三畏，人名。

⑤鞫：音 jū，审问犯人。

⑥引：带领。

⑦诘：音 jié，追问、质问。

⑧反状：谋反、造反的情况。

⑨涅：音 niè，黑色染料，以墨涂物。

⑩察：了解。

⑪白：告诉。

⑫上：皇上。

⑬张宪：人名，金人军队将领。

⑭莫须有：不是必须有。

识文解字

字　形	炎　炎　炎　炎
偏　旁	火
字　音	yán
本　义	上下两把大火，火光冲天，火旺、火盛。
引申义	烧、灼热、火苗。
相关字	炙、焚。
词　语	炎宋：赵宋自称以火德王，故称炎宋。 炎热：炎暑。气候极热。
成　语	趋炎附势：趋，奔走；炎，热，比喻权势。奉承和依附有权有势的人。 世态炎凉：形容趋炎附势的世态。别人有钱有势时就巴结亲热，别人没钱没势时就疏远冷淡。

 融通运用

一、读一读

陪父亲在病房过年

当许多人利用春节小长假携家带口游览祖国名山大川或出境旅游的时候，当千家万户张灯结彩、家人团聚、喜迎新春的时候，我却在老家县城一医院病房里，陪伴病重的父亲，度过了一个既揪心又开心的羊年春节。

腊月二十七的上午，二弟和小妹分别来电告急：父亲昨夜老病再次复发，正在县医院重症监护室抢救。经医护人员一夜全力抢救，父亲已经化险为夷，从重症监护室转入普通病房继续救治。而我主动承担起看护父亲的重任。

节日的夜晚，小县城夜空，礼花朵朵，鞭炮声不断，千家万户张灯结彩，亲人团聚，欢天喜地。我却在县医院病房大楼的一间病室里，陪护着病重的父亲，时而给他喂几口温开水，时而给他捶捶背，时而用热水给他洗洗脸擦擦身。父亲下巴的胡须长了，我小心翼翼地为他修剪。由于肺部感染严重，父亲呼吸不畅，咳喘不停，不时呻吟，一夜辗转难眠。看到当年健壮的父亲，如今被病魔折磨得这么痛苦难受，我心痛如焚。我想代他受苦，可恨自己无回天之力，无法缓解他老人家的病痛，只能轻声安慰，做一些诸如喂水、擦身、捶背之类小事，以绵薄之力尽点孝心而已。我在病房连续陪护了两个晚上，可以说是两夜未眠，亲身体会到了当陪护的艰辛。

在我这个兄长的带动下，大年初一从江苏徐州飞回来的三弟，当天晚上就主动到病房陪护父亲，第二天晚上继续坚守，也是两夜通宵未眠。两个妹夫也不甘落后，争抢着到病房陪伴父亲。这种争着当陪护、人人尽孝的家风，让我感动不已。

这次我家展现出的纯朴家风，我想应该是父母言传身教的结果。父亲三岁丧母，虽然一生倍受艰辛困苦，也曾受后母虐待，但他有一颗菩萨心肠，不仅是一个有情有义、乐于施舍的人，还是一个不计前嫌、深明大义的孝子。父亲除了孝敬我爷爷、两个后祖母之外，还对其叔爷、兄长关爱有加。父亲的幺叔幺婶膝下无子女，在上世纪60年代灾荒年月病死后，是父亲一手操办其后事，将二老入土为安。父亲的哥嫂，即我们的大爹大妈，虽然膝下有一女，但远嫁他乡，家境困难。大爹大妈年纪大了，不能自食其力，是父亲出面协调，多方奔走，将二老联系到镇上敬老院。因生产队只愿承担一人的口粮，另一人的口粮款，父亲则让我们5兄妹分担了10多年。大爹大妈分别活了80多岁才病故，又是父亲牵头，让我们兄妹5人作为孝子，先后为二老守灵，送山入土。

父亲的无声行动，胜过严格的家教，在父亲耳濡目染下，我们懂得了善良和孝敬的真正内涵，养成了义不容辞、勇于担责、争献孝心的优良品质，明白了怎么做人和为人处事。

1. 圈出"我"在医院陪护病重父亲的动作，你认为"我"是一个怎样的人？

_____

2. 文章回忆了父亲的一件什么事情？

_____

3. 这件事情对父亲的孩子们有什么影响？

_____

二、写一写

☆习作要求

父母在我们成长的过程中扮演了很多角色，老师、警察、医生等等，安慰着我们，守护者我们。请以《感谢父亲（母亲）》为题写一篇作文，300字左右。

☆习作方法

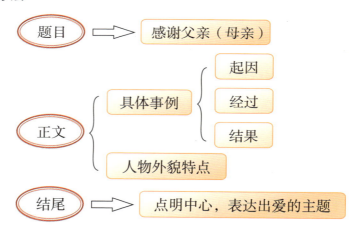

☆习作标准

（1）语句通顺、条理清楚、无错别字，无病句。

（2）通过对人物的动作、语言、神态等描述来展示出父母无私的爱。

（3）人物外貌的描写应该和小作者的内心（心理描写）相结合，突出父母无私的爱。

（4）点明中心，表达爱的主题。

三、想一想

　　从故事叙述的内容看，你认为岳飞被杀的原因是什么？

三字经

　　炎宋兴，受周禅。十八传，南北混。

　　辽与金，帝号纷。迨灭辽，宋犹存。

第十五章　元代烽烟

1. 文天祥① 就义

过零丁洋

辛苦遭逢起一经，
干戈寥落四周星。
山河破碎风飘絮，
身世浮沉雨打萍。
惶恐滩头说惶恐，
零丁洋里叹零丁。
人生自古谁无死？
留取丹心照汗青。

（元）召入谕②之曰："汝何愿？"天祥对曰："天祥受宋恩，为宰相，安事③二姓？愿赐之一死足矣。"天祥临刑殊④从容，谓吏卒曰："吾事毕矣。"南乡⑤拜而死。数日，其妻欧阳氏收其尸，面如生，年四十七。其衣带中有赞⑥曰："孔曰成仁，孟曰取义，惟其义尽，所以仁至。读圣贤书，所学何事，而今而后，庶几⑦无愧。"（《宋史·列传第一百七十七》）

【释读】

元廷召见文天祥告谕说："你有什么愿望？"文天祥回答说："天祥深受宋朝的恩德，身为宰相，哪能侍奉二姓，愿赐我一死就满足了。"文天祥临上刑场时非常从容，对狱中吏卒说："我的事完了。"面向南方跪拜后被处死。几天以后，他的妻子欧阳氏收殓他的尸体，他的面部如同活着的时候一样，终年四十七岁。他的衣服中有赞文说："孔子说成仁，孟子说取义，只有忠义至尽，仁也就做到了。读圣贤的书，所学习的是什么呢？自今以后，可以算是问心无愧了。"

【注释】

①文天祥：（1236年6月6日—1283年1月9日），初名云孙，字宋瑞，一字履善。宋末政治家、文学家，爱国诗人，抗元名臣，民族英雄，与陆秀夫、张世杰并称为"宋末三杰"。

②谕：帝王直接通告人民。

③事：侍奉，服务

④殊：很，非常

⑤乡：向。

⑥赞：一种文体，用于颂扬人物。

⑦庶几：大概、也许。

2. 上帝折鞭

（蒙哥①）屡攻不克。六月丁巳，汪田哥②复选兵夜登外城马军寨③，杀寨主及守城者。王坚④率兵来战。迟明，遇雨，梯折，后军不克进而止。是月，帝不豫⑤。秋七月辛亥，留精兵三千守之，余悉攻重庆。（《元史》，有删节）

炮风所震，因成疾。班师⑥至愁军山⑦，病甚……次过金剑山温汤峡⑧而殁。（《古今图书集成·钓鱼城记》）

【释读】

蒙哥屡次攻打钓鱼城都没有成功。六月丁巳日，汪田哥再次带领精兵趁夜晚登上钓鱼城外城的马军寨，杀了驻守马军寨的寨主。钓鱼城守将王坚带领军队来迎战。将近天亮时分，遇到下雨，梯子崩折，后面的军队不能前进，于是停止了进攻。这一月，皇帝（即蒙哥）身体不适。到秋天七月辛亥日，留下三千精兵驻守钓鱼城，其他军队全部去攻打重庆。

蒙哥被炮弹流弹震伤，于是落下病症。撤退军队到愁军山，病情更加严重了……在经过金剑山温汤峡的时候去世了。

【注释】

①蒙哥：孛儿只斤·蒙哥（1209年1月10日—1259年8月11日），蒙古帝国大汗，史称"蒙哥汗"。1251年7月1日至1259年8月11日在位。为元太祖成吉思汗之孙、拖雷长子，其四弟即元世祖忽必烈。

②汪田哥：蒙古军中将领。

③马军寨：地名，在重庆合川钓鱼城。

④王坚：南宋抗蒙名将。王坚调集民夫，修筑钓鱼城。开庆元年，蒙哥汗亲率大军围攻合州，王坚与副将张珏（音 jué）坚守钓鱼城，多次击退蒙军。蒙哥派晋国宝入钓鱼城招降，为王坚所杀。

⑤不豫：天子有病的讳称。

⑥班师：调回在外打仗的军队，也指出征军队胜利归来。此处指前者。

⑦愁军山：地名。

⑧金剑山温汤峡：今重庆北碚北温泉。

识文解字

字　形	歇
偏　旁	欠　　本意：一个朝右跪着的人张大嘴打呵欠。呵欠。 引申义：张开、抬起
字　音	xiē
本　义	休息。
引申义	停止。
相关字	吹、饮。
词　语	安歇：住下休息。 停歇：停止行动而休息一下
成　语	钟漏并歇：比喻年老衰残。 歇斯底里：情绪异常激动，举止失常。

融通运用

一、读一读

我要面向祖国而死

公元 1275 年，元军侵略南宋。元军在元朝统帅伯颜的率领下，离南宋的都城临安只有 30 里路。大兵压境，南宋朝廷无计可施，决定求降。

伯颜声明，只有南宋的丞相才有资格与他谈判。

这时，南宋朝廷的左右丞相闻讯都逃跑了，朝廷只好让文天祥为右丞相，去和伯颜谈判。

文天祥见了伯颜后，义正词严地问："贵国是要与我国交好呢，还是要灭掉我国？"

"我们不想灭掉宋国！"

"既然如此，请你们后撤百里，以表诚意，否则我们将以死相拼！"

伯颜觉得文天祥像是在向元军下挑战书，就扣留了他，并让其随行人员回去传话说，如果南宋不投降，元军马上就发起进攻。

南宋朝廷在伯颜的威胁下，向元军投降。文天祥得知真相后，痛哭流涕，仰天长叹。

四年后，文天祥带兵到广东潮阳抗击元军，却不幸全军覆没，自己也被俘。

元世祖很钦佩文天祥的忠心，把他软禁在大都的"会同馆"里，每天派人去轮番劝降。但劝降的人都被文天祥骂走了。元世祖见劝降不成，就把他移送到兵马司衙门，给他戴上脚镣手铐把他囚禁起来。在狱中恶劣的环境下，文天祥写下了千古传诵的《正气歌》，其中两句震烁古今："人生自古谁无死，留取丹心照汗青。"

过了几年，元世祖决定亲自去劝降文天祥。

文天祥见了元世祖，不肯下跪。元世祖和颜悦色地劝说道："你的忠心，我非常佩服。如果你能改变主意，做元朝的臣子，我仍旧让你当丞相，怎么样？"

文天祥慷慨地说："我是宋朝的宰相，怎么能再做元朝的臣子？如果这样，我死了以后，哪还有脸去见地下的忠臣烈士？"

元世祖说："你不愿做丞相，做个枢密使怎样？"

文天祥看了看元世祖，斩钉截铁地说："我别无他求，只求一死！"

元世祖知道劝降已没有希望，于是下令处死文天祥。

刑场上，文天祥面色从容。他对监斩官说：

"我的祖国在南方，我要面对南方而死！"说完，整整衣冠，朝南方拜了几拜，仰天长叹道，"我事已毕，心无悔矣！"

1. 联系上下文解释词语。

慷慨：＿＿＿＿＿＿＿＿＿＿＿＿＿＿＿＿＿＿＿＿＿＿＿＿＿＿＿

斩钉截铁：＿＿＿＿＿＿＿＿＿＿＿＿＿＿＿＿＿＿＿＿＿＿＿＿

2. 文天祥痛哭流涕，仰天长叹的原因是什么？

_____

_____

3. "我的祖国在南方，我要面对南方而死！"这是文天祥临终遗言，由此你体
会到文天祥是一个怎样的人？

_____

_____

二、写一写

☆习作要求

主见是什么呢？是自己有确定的意见或见解。什么都听从父母的安排，就可能是没有主见。想一想在生活中自己坚持主见的事。题目自拟，300字。

☆习作方法

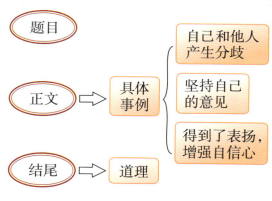

☆习作标准

（1）语句通顺，条理清楚，无错别字，无病句。

（2）描写与别人意见冲突时的心理和坚持自己观点时的心理，运用对比手法来体现自己的坚持。

名言警句

1. 人生自古谁无死，留取丹心照汗青。（文天祥《过零丁洋》）

2. 时穷节乃见，一一垂丹青。（文天祥《正气歌》）

3. 宋状元，所欠一死报国耳。宋存与存，宋亡与亡。刀锯在前，鼎镬在后，非所惧也，何怖我？（《宋史·文天祥传》）

释　读

1. 自古以来，人都不免一死，但死得要有意义，死后仍可青史留名，光照千秋。

2. 在危难的关头，一个人的节操才能显现出来，而这些表现出气节的人每一个都能在史书中流传。

3. 我是宋朝的状元，我欠缺的就是用死来报效国家罢了。宋朝存我就存，宋朝亡我就亡。刀锯在我面前，油锅在我身后，我并不畏惧，你恐吓我干什么呢？

（3）道理：弄清楚有这份坚持的原因？是否真正掌握或解决了问题。重点突出自信的基础、来源。

三、想一想

通过你能够找到的资料了解一下钓鱼城战争。

三字经

至元兴，金绪歇，有宋世，一同灭，

第十六章　明代家国

经典溯源

1. 清官海瑞①

海瑞，迁②淳安③知县。布袍脱粟④，令老仆艺⑤蔬自给。总督胡宗宪⑥尝语人曰："昨闻海令为母寿，市肉二斤矣。"

宗宪子过淳安，怒驿吏，倒悬之。瑞曰："曩⑦胡公按部⑧，令所过毋供张。今其行装盛，必非胡公子。"发橐⑨金数千，纳⑩之库，驰告宗宪，宗宪无以罪。（《海瑞传》）

【释读】

海瑞升任淳安知县，穿布袍、吃粗粮糙米，让老仆人种菜自给。总督胡宗宪曾告诉别人说："昨天听说海县令为老母祝寿，才买了二斤肉啊。"

胡宗宪的儿子路过淳安县，向驿站的官吏发怒，把驿吏倒挂起来。海瑞说："过去胡总督按察巡部，命令他所路过的地方的地方官员不要供应太铺张。现在这个人行装丰盛，一定不是胡公的儿子。"打开胡公子的行李，里面有金子数千两，海瑞将金子全部没收，收入到县库中，派人乘马报告胡宗宪（有人冒充你儿子），胡宗宪无法因此对海瑞治罪。

【注释】

①海瑞：海瑞（1514 年 1 月 22 日—1587 年 11 月 13 日），字汝贤，号刚峰，海南琼山（今海口市）人。明朝著名清官。

②迁：调任官职。左迁为贬官，"迁""右迁"是升官。

③淳安：地名，现隶属于浙江省杭州市。

④脱粟：粟，音 sù，糙米，只去皮壳、不加精制的米。

⑤艺：种植。

⑥胡宗宪：（1512 年 11 月 4 日—1565 年 11 月 25 日），字汝贞，号梅林。祖籍安徽绩溪，家族世代锦衣卫出身，在东南倭乱时期任直浙总督。

⑦曩：音 nǎng，以前，过去。

⑧按部：巡视部属。

⑨橐：音 tuó，口袋。

⑩纳：收入，放进。

2. 秦良玉①固守石砫

自献②贼犯蜀，石砫③震恐，有议降者，有议迁者。呜呼！普天之下，莫非王土。我父老军士，奈何不详查虚实，妄听谣诼④，滋长寇贼之威，挫馁⑤军旅之气耶？本使⑥以一弱女子而蒙⑦甲胄⑧者垂⑨三十年，上感朝廷知遇之恩，涓埃⑩未报；下赖将士推戴之力，思其功名。石砫存与存，石砫亡与亡，此本使之志也！抑亦封疆⑪之责也！（秦良玉《固守石砫檄文》）

【释读】

自从逆贼张献忠进犯四川，石柱震动恐惧，有人建议投降，有人建议搬迁。呜呼！天下的土地，都是皇上的。我们父老乡亲和军队士兵，为什么不详细了解情况的真假，却随意听信谣言诽谤，滋长敌寇的威风，挫伤军队的气势？我这个宣慰使，以一个弱女子披覆盔甲将近三十年。对上感激朝廷的知遇之恩，我还没有点滴的报答，对下仰赖将士们的推崇拥戴的力量，希望成就功名。石砫存我就存，石砫亡我就亡，这就是我这个宣慰使的心志！也是我一个守土将领的职责。

【注释】

①秦良玉：历史上唯一一位作为王朝名将被单独立传记载到正史将相列传里的巾帼英雄。（历朝历代修史，女性名人都是被记载到列女传里）丈夫马千乘是汉伏波将军马援后人，世袭石砫宣慰使（俗称土司），马千乘被害后，秦良玉于是代领夫职，率领兄弟参加抗击清军、奢崇明之乱、张献忠之乱等战役，战功显赫，被封为二品诰命夫人。崇祯皇帝曾作诗四首赞颂秦良玉。

②献：即张献忠（1606年9月18日—1647年1月2日），字秉忠，号敬轩，外号黄虎，陕西定边县人，明末农民军领袖，与李自成齐名，是大西开国也是唯一的皇帝。传说他曾剿杀四川人。

③石砫：地名。在重庆市。

④谣诼：诼，音zhuó，造谣毁谤。

⑤挫馁：馁，音něi，挫败气馁。

⑥使：石砫宣慰使（俗称土司）。

⑦蒙：覆盖，披覆。

⑧甲胄：胄，音zhòu，盔甲衣胄。

⑨垂：将要，将近。

⑩涓埃：细流与微尘，比喻微小。

⑪封疆：将某一地区全权交给官吏管理。此处指管理石柱的官吏，即秦良玉自称。

 识文解字

字　形	𐌏 𐌏 𐌏 明
偏　旁	月
字　音	yuè
本　义	左边月亮右边太阳。光明。
引申义	清楚、明白，懂得、了解，明显，明智，英明。
相关字	朗、朦、胧。
词　语	明澈：明亮、清澈，高洁清明。 明媚：明丽、妩媚。
成　语	明争暗斗：公开和暗中都在相互争斗。 弃暗投明：脱离黑暗，奔向光明；比喻与黑暗势力决裂，走向光明的道路。

 融通运用

一、读一读

勤俭节约从我做起

朋友们，你们还记不记得曾经有这样一首诗："锄禾日当午，汗滴禾下土。谁知盘中餐，粒粒皆辛苦。"这一首诗让我们懂得了劳动的艰苦，同时也深深懂得了勤俭节约的重要性，事实上我们的先辈们一直都把勤俭节约当作我们中华民族的美德。

在我们现实生活中浪费的现象仍然非常严重，比如，拿我们现在的学生来说，有的学生一味追求新的文具，有的还换来换去的，禁不起诱惑，每天都买很多零食，有的学生还攀比，炫耀自己的衣物，拿名牌来出威风。更让

人感到遗憾的是浪费在有些学生眼里非但不是让人羞辱的事，反而成了一种时尚，吃饭吃几口就倒掉，好好的衣服不想穿了就随手扔掉，这样心里才痛快呢。当你批评这些现象时，一些学生会说："花的是自己的钱，我的东西喜欢怎么处理就怎么处理，与你何干？"

生活贫困要勤俭节约，生活富裕也要勤俭节约。俗话说：坐吃山空。历史上"今日花天酒地，明日乞讨过街头"的例子屡见不鲜。我国五代时期有李存审"赠镞教子"的故事，李存审出身贫困，40年为国征战，100多次被敌箭射中骨头，后来他做了大官，看到孩子们整日吃喝玩乐，从小娇生惯养，很不放心，他就把过去从骨头中拔出的箭头送给孩子，告诫他们不要忘记勤俭节约，并说"当知尔父起家如此也"。小朋友，你想过要勤俭节约吗？如果没有的话，那就和我一起来执行这个任务吧！

平时，我们应该节约用水，用完水要拧紧水龙头。可是有一次我和妈妈去我表姐的学校，我发现他们学校的水龙头坏了，一直不停地流水，看到这样的情景，我心想："这些水真可惜呀，我们要节约用水，水可是地球妈妈的血液，如果每人浪费一滴水，那全国十三亿同胞，浪费的水足足有大海里的水那么多呀！"

那么，勤俭节约就从我做起吧，不浪费一张稿纸，不浪费一口粮食，不浪费一滴水，不乱花一分钱。请你们记住花钱容易，挣钱难，同时改变了自己，也改变了孩子，更改变了别人。

1. 仔细读读短文，里面提到了哪些浪费的行为呢？

_____

2. 为什么说生活富裕也要勤俭节约呢？

_____

3. 读了这篇短文，想想你在生活中是否也有浪费的行为？应该怎么做呢？

_____

二、写一写

☆**习作要求**

勤俭节约是中华民族的传统美德。说到节约，你的小脑袋瓜里浮现出怎样的画面呢？请你用文字记录下来。题目自拟，300 字左右。

☆**习作方法**

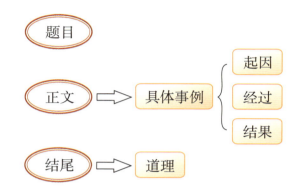

☆**习作标准**

（1）语句通顺、条理清楚、无错别字，无病句。

（2）运用动作、语言来叙述自己节约的经过。

（3）点明中心，突出道理。

三、想一想

思考一下海瑞有什么性格特征？

三字经

并中国，兼戎狄。明太祖，久亲师，传建文，方四祀。迁北京，永乐嗣，迨崇祯，煤山逝。

名言警句

1. 破山中之贼，易；破心中之贼，难。（王阳明《王阳明全集·与杨仕德薛尚谦书》）

2. 难欺者心，可畏者天，宁正而毙，弗苟而全。（于谦《文山像赞》）

释　读

1. 攻破山里的反贼，是容易的；攻破内心的邪念，则是困难的。

2. 难以欺骗的是内心，值得畏惧的是上天；宁愿保持正直接受死亡，也不违背道德保全性命。

第十七章　清代战火

经典溯源

1. 甲午海战

世昌①乘致远②，最猛鸷③，与日舰吉野浪速相当，吉野，日舰之中坚也。战既酣，致远弹将罄④，世昌誓死敌。将士知大势败，阵稍乱，世昌大呼曰："今日有死而已！然虽死而海军声威弗替，是即所以报国也！"众乃定。世昌遂鼓轮怒驶，欲

【释读】

邓世昌指挥"致远"舰奋勇作战，最为英勇，与日本的吉野舰、浪速舰速度相当。吉野舰是日本舰队的中坚力量。战斗进行得激烈时，"致远"舰的炮弹将要用完了，邓世昌发誓要与敌人同归于尽。将士们看见大形势将要败落，阵队慢慢乱了。邓世昌大声呼喊：今天只有一死！即使死了，海军的声威也不能改变，这就是我们报国的方式。众人才安定下来。邓世昌于是加速操作前进，愤怒地冲向吉野舰，

【注释】

①邓世昌：邓世昌（1849年10月4日—1894年9月17日），汉族，原名永昌，字正卿，广东广府人，籍贯广东番禺县龙导尾乡（现为广州市海珠区），清末北洋水师将领，民族英雄。

②致远：致远号巡洋舰，是中国清朝北洋水师向英国阿姆斯特朗船厂订购建造的穹甲防护巡洋舰，为致远级巡洋舰的首舰。

③猛鸷：鸷，音 zhì，凶猛，勇猛。

④罄：音 qìng，本义为器中空，引申为尽，用尽。

猛触吉野与同尽，中其鱼雷，锅船裂沉。世昌身环气圈不没，汝昌⑤及他将见之，令驰救。拒弗上，缩臂出圈，死之。其副游击陈金揆同殉⑥，全船二百五十人无逃者。（《清史稿》）

打算与吉野舰队同归于尽，不幸一发炮弹击中"致远"舰的鱼雷发射管，管内鱼雷发生爆炸导致"致远"舰沉没。邓世昌坠落海中后，他身上套着救生圈而没有沉没，丁汝昌和其他的将领看见了，让船只去救他。他拒绝上船，将手从救生圈中缩出来，沉入水中死了。他的副手游击将领陈金揆同他一起殉国，全舰官兵250余人一同壮烈殉国，没有一个人逃跑。

【注释】

⑤丁汝昌：丁汝昌（1836年11月18日—1895年2月12日），清朝晚期将领，官至北洋海军提督。
⑥殉：音 xùn，为某种目的而牺牲生命。

2. 林则徐禁烟

则徐言："此祸不除，十年之后，不惟无可筹之饷，且无可用之兵。"宣宗深韪①之，命入觐②，召对十九次。授钦差大臣，赴广东查办，十九年春，至。总督邓廷桢已严申禁令，捕拏③烟犯。则徐知水师提督关天培忠勇可用，令整兵严备。檄④谕⑤英国领事义律⑥查缴烟土，驱逐趸船⑦，呈出烟土二万余箱，亲莅虎门验收，焚于海滨，四十余日始尽。(《清史稿》)

【释读】

林则徐说："这个祸患不清除，十年之后，不仅仅没有可以筹集的兵饷，而且没有可以征用的兵士。"宣宗（道光皇帝）深深地认为他的观点正确，下令他进宫觐见，与他交谈十九次。授予他钦差大臣的职务，让他赶赴广东去查办禁烟的事。十九年春天，他到了广东。广东总督邓廷桢已经严厉申明鸦片烟的禁令，捕拿贩卖烟土的人犯。林则徐知道水师提督关天培忠诚勇敢，是可以任用的人才，就让关天培整顿军队严加防备。然后以政府的名义给英国领事义律发送了禁烟的告知文书。驱逐趸船，从趸船中搜出烟土二万多箱。林则徐亲自到虎门验收烟土，全部在海边焚烧销毁，四十多天才销毁完。

【注释】

①韪：音 wěi，是，对。

②入觐：觐，音 jìn，指地方官员入朝晋见帝王。

③捕拏：拏，音 ná，捕拿，捉拿。

④檄：音 xí，古代官府用以征召或声讨的文书。

⑤谕：告诉，使人知道（一般用于上对下）。

⑥义律：英国人名，当时的英国领事。

⑦趸船：趸，音 dǔn，一种无动力装置的矩形平底船，固定在岸边，供船舶停泊或旅客和货物上下船用。

识文解字

字　形		 商代人面玉饰
偏　旁	目	
字　音	mù	
本　义	一只眼睛。眼睛。	
引申义	看，网眼。	
相关字	见（見）、觅、视、观、省。	
词　语	注目：注视；目不转睛地看。 夺目：耀眼。	
成　语	耳闻目睹：亲耳听到，亲眼看到。 触目惊心：看到某种情况后内心感到震惊。形容事态极其严重。	

融通运用

一、读一读

和平的声音

走进澳大利亚堪培拉的二战纪念馆，不由得内心紧张起来。那些仿真的军事装备和战争场景，让你立时有一种置身战场的感觉。

战斗最激烈的前沿阵地、战场紧急救护所、剧烈晃动的甲板上、腾跃拼杀的机舱里，震耳欲聋的枪炮声、声嘶力竭的喊杀声、飞机的俯冲声、海浪的拍击声，照明弹、曳光弹，幽暗的光、强烈的光，红色的闪，蓝色的闪。氛围让人恐惧，空气让人窒息。仿佛一下子被推向了一个死亡的现场，你别无选择，你不得不面对，不得不拼死一搏。你不属于你自己，生命随时都会从你的身上消失。

我几乎是冲出来的，我费了好大的周折。

我采取了迂回的方式，但还是好几次找错了路，我在规定的时间里几乎出不去了，嘴里不停地冲着人喊着：OUT！OUT！身临其境的各色人等，还以为我是个突然冒出的逃兵呢，慌忙闪身避让。只有一个管理人员明白了我的意思，为我指引了一条通道。

从战争纪念馆出来，映入眼帘的是蓝天白云，是宽敞的绿色的草地和大片的树林。一群群的鸽子在台阶下的广场上自在地翔落。和煦的阳光普照着一切，让人有一种大难逃生、大梦初醒的感觉。

我在纪念馆里看到在战争中的一次婚礼上使用的一件洁白的婚礼服，那竟是利用敌人的降落伞，一针一线手工精心缝制的，甚至胸前的花都做得毫不含糊。我想这也许不是一次场面宏大的婚礼，但即使是在战火纷飞的硝烟中，人们也要追求完美和幸福。

我明白了，将战争纪念馆建在这样一个美丽的地方，就是要让你在反差中有所反思和警醒。每一个生命都追求自由与和平，都向往生活的美好和生存的质量。

1. 文章的第 2、3、4 段是作者在二战纪念馆里，仿佛置身于战场的感受。从这部分的描写中，你对战争的感受是什么？

_____

_____

2. 我们常用白色的鸽子象征和平，文中那件洁白的婚礼服，寄托着人们怎样的希望呢？

_____

_____

3. 和平来之不易，用几句话表达你对和平的渴望吧！

_____

_____

二、写一写

☆习作要求

你知道现在世界上哪些地方有战争吗？请根据你的了解叙述你所知道的一场战争，并表达你对战争的看法。以《一场战争》为题写一篇文章，300字左右。

☆习作方法

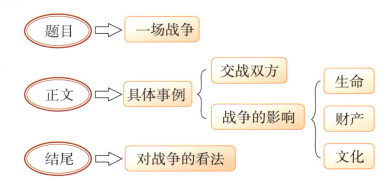

☆习作标准

（1）语句通顺、条理清楚、无错别字，无病句。

（2）在题目中有两个关键词：战争和生命。通过对比、心理等描写来写出战争的恐怖，从而突出主题：热爱和平。

三、想一想

看一看《甲午海战》的电影，然后说说感受。

● ● ● 三字经 ● ● ●

清世祖，膺景命。靖四方，克大定。
至宣统，乃大同，十二世，清祚终。
读史者，考实录。通古今，若亲目。

名言警句

1. 师夷长技以制夷。（魏源）

2. 此日漫挥天下泪，有公足壮海军威。（光绪皇帝）

3. 苟利国家生死以，岂因祸福避趋之。（林则徐）

释 读

1. 学习外国人的技术来抵抗外国人。

2. 今天下人都为你（邓世昌）挥洒眼泪，有你足以壮大海军的威势。

3. 只要对国家有利，我不问生死都要去追求，怎么会因为对自身有祸而逃避或对自身有福而追求呢？

参考答案 （上册）

第一章　三皇之初

一、1. 幼儿时期，看小人书；上中学时，无时无刻不想看书又怕被老师发现；高中时，买了简易书架，书架的书就是财富；大学时，受老师的影响，读经典名著。

2. 书是"我"的精神财富。

3. 不必有书桌，书房，倚在床头，翻几页书，也是一种享受，心中有书，什么都不重要。

三、1. 突破时间和空间的限制，记录、传播、交流文明社会的现象、规律，个人和群体的经验、智慧、感情。

2. "炎"指炎帝神农氏，凭借姜水（今宝鸡市境内）建立部落生活发展。"黄"指黄帝伏羲氏凭借姬水（今陕西武功漆水河）建立部落生活发展。炎黄二帝为中华始祖。传说他们出自同一个部落，后来成为两个敌对的部落的首领。两个部落展开阪泉（古地名）之战，黄帝打败了炎帝，后来两个部落渐渐融合成华夏族群，即炎黄子孙。华夏族在汉朝以后称为汉人，唐朝以后又称为唐人。炎帝和黄帝是中国文化、技术的始祖，传说他们以及他们的臣子、后代创造了上古几乎所有重要的发明。

第二章　二帝之始

一、1. 奶奶将珍贵的香蕉藏起来给孙子，孙子看见了舍不得吃送给妈妈，妈妈舍不得吃又送给辛勤的丈夫，丈夫舍不得吃又孝敬自己的母亲，回到了奶奶的手里。

2. 一家人和和美美，亲人之间有着浓浓的爱。

3. 略。

三、1. 传说中，上古时期的尧帝是中国人的远祖，他是龙的儿子；

2. 农耕民族对水的依赖让人们想象出一个可以驾驭水的神秘动物，进而成为古老部落的图腾；

3. 中国幅员辽阔，有平原、海岛、丛林、山地等，各个部落的生存环境产生各自的图腾。随着部落融合民族融合，各个部落和民族不同的图腾特征融合，形成具有海陆空三栖动物特征的神兽。

第三章　三王兴亡

一、1. 因为沙山中全是沙，"我"一脚踏上沙子，脚陷入了沙中，身子一歪，差点摔下去，在沙山上爬上去一步，又会滑下半步，爬行很困难。

2.（1）扣紧帽子，戴好墨镜，低着头加快脚步；（2）脚深深陷进沙子中，拔出来，继续前进；（3）快步走起来。

3. 文中的"我"因为坚持克服困难，爬上了沙山。联系生活……（略）。

三、尊重人才、虚心求教、兢兢业业的商汤会兴国，每个人都应该虚心求教。

第四章　春秋霸业（1）

一、1. 用隔壁小孩努力克服困难成功的故事来鼓励心爱的晚秋。

2. 她一拐一拐地走着，踩在地上，就如同踩在荆棘上。每走一步，都会感到一种锥心的疼痛。但一听到那清脆的朗诵声，她一咬牙，继续艰难地行走着，一步，一步……

3. 明白了故事虽然是母亲编造出来的，但是母亲的鼓励却是真真实实的，表达了母亲对晚秋深深的爱。

三、忠诚：食人之禄，忠人之事。跟着公子纠就勇敢为公子纠打算，跟着齐桓公就尽心为齐桓公筹谋。

智慧：其智慧足以让朋友信服，让对手折服，让主公成功。

沉着：临乱不惊，面对巨大的危险和变故冷静思考。

第五章　春秋霸业（2）

一、1. "我"在火车上钱被偷，拒绝了中年妇女早上和中午对"我"一碗饭的帮助。

　　2. 不想围观的群众认为"我"是骗饭吃的人或是个穷乡下佬。

　　3. 当真心实意的帮助换来的却是拒绝，帮助别人的人会受到伤害。

三、1. 齐桓公，不计前嫌，任人唯贤；晋文公，不卑不亢，言行一致；楚庄王，韬光养晦，审时度势；秦穆公，宽容大度，友善仁慈。

　　2. 宋襄公泓水之战。（宋襄）公曰：君子不重伤，不禽二毛。古之为军者，不以险隘也。寡人虽亡国之余，不鼓不成列。

第六章　战国逐鹿

一、1. 窗外大雪纷飞，寒冷刺骨，"我"和丈夫由于天气原因很长时间没有出门了。关在家里，心情也变得很郁闷。

　　2. 丈夫独自一个人在家门口堆起了大雪堆，拥抱起冬天给我们的这一个礼物，有更多的邻居受到感染，加入到堆雪人的队伍中，并提出各种各样富有创意的点子。

　　3. 快乐的氛围指的就是在有限的条件下制造各种乐趣，并让快乐感染四周，成为快乐的人。

三、赵武灵王挑战传统习俗和权威，会遭遇大范围的非议和反对，坚持"胡服骑射"是因为这种服饰轻便，有利于提高战争中的战斗力。赵国在"胡服骑射"后果然实现了战斗力的巨大提升。"胡服骑射"带给我们的启示是：传统和权威是可以突破、创新甚至改变的。目的明确、方案可行就应该不惧压力排除困难向前进。

第七章　秦朝烟云

一、1. 明明知道自己闯了祸，"我"又害怕父亲会很严厉地批评"我"。

　　2. 因为父亲认为诚实的行为胜过无数个花瓶！得到了一份比花瓶更重要的物品——那就是孩子的诚实。

　　3. 略。

三、撒谎是因为：1. 害怕赵高的打击、报复；2. 指望能从赵高那里获得利益。

他们的结果是：在赵高肆意弄权下，秦国衰落，后被项羽攻破咸阳城，秦国灭亡。赵高及其全族被杀，其党羽也全部覆灭。

第八章 楚汉纷争

一、1. 前面那两辆赛车发生了相撞事故，结果，他撞到车道旁的墙壁上，赛车在燃烧中停了下来。当他被救出来时，手已经被烧伤，鼻子也不见了。体表烧伤面积达40％。医生给他做了7个小时的手术之后，才使他从死神的手中挣脱出来。

  2.（1）他接受了一系列植皮手术，每天他都不停地练习用手的残余部分去抓木条，有时疼得浑身大汗淋漓，但他仍然坚持着；（2）回到了农场，换用开推土机的办法使自己的手掌重新磨出老茧，并继续练习赛车。

  3. 心中有梦想，心中随时都迎接失败，可是面对真正的失败，那个充满梦想的人会重新点燃希望，将失败变成自己接近梦想的垫脚石，从而实现梦想。

三、弃书捐剑、鸿门宴、火烧阿房宫……战争从来都不是只靠武力，没有知识做基础就没有谋略，没有全局观，纵然获得局部战争和短时间的胜利，也不能在全局和长时间里维持优势。

第九章 汉家天下

一、1. 兔子们怨叹自己天生不幸，既没有力气和翅膀，也没有牙齿，就连想要抛弃一切大睡一觉，也有什么都听得见的长耳朵的阻扰，赤红的眼睛也就变得更加鲜红了。它们觉得自己的这种生活是毫无意义的，这又成了它们自我厌恶的根源，于是他们决定结束自己的生命。

  2. 它们发现一些青蛙听到急促的脚步声，如临大敌，立刻逃命，认为青蛙比他们的胆子更小所以决定不结束自己的生命了。

  3. 换一个角度来思考问题，可以发现事情完全不同的情况和特征。

三、和亲、通使。

第十章　三国鼎立

一、1. 因为此时的"我"非常的害怕，想要站起来，但怕被处罚又不敢站起来，犹豫不决，最后决定不要站。

2. 承认过错的人是"勇者"，不再犯错的人是"智者"，做错事时，就要勇敢的承认自己的错误，并且好好反省，这才是最好的。

3. 略。

三、吕蒙善于接受意见，勇于修正完善自我，并能坚持学习，获得了很大的进步。

第十一章　两晋风度

一、1. 会。只有直面恐惧，才能战胜恐惧。

2. 面对未知的恐惧、对未来的无知，克服自己心理上的障碍，迈出第一步非常困难。

3. 直面困难与恐惧，克服心理障碍，勇往直前，不要后退。

三、1. 从前秦军队的兵士构成角度思考；

2. 从战术角度思考；

3. 从双方战争的目的角度思考；

4. 从双方战争的原因角度思考；

5. 从双方统帅的角度思考……

第十二章　隋代风云

一、1.（1）五叔爱干净，把自己的家收拾得干干净净；（2）当过兵的五叔，退伍后依然站得端端正正；（3）五叔勤劳肯干，把生产队当作自己的家。

2. 忍不住笑出声来。

3. 自食其力，艰苦奋斗，为人耿直，遇事不钻牛角尖，心胸开朗，随遇而安，无忧无虑，豁达乐观。

三、善于伪装，长于阴谋，恣意放纵。

第十三章 大唐气象

一、1. 句子：一个男人伸头朝里面看来看，似乎想进来，但又把头缩了回去。不一会儿，两扇门都被推开了。还是刚才那个男人，这次，他是肩扛一桶纯净水进来的。突然，一阵"沙、沙"的响声，伴着送水男人走路的旋律，引起了所有人的注意。我开始从上向下打量他，老旧的棉帽子、绿大衣……最后我终于看到了他的双脚，然后是惊异万分。男人的每只脚上，竟然都套着一个塑料袋。他一走动，塑料袋就会发出"沙、沙"的响声。因为套了塑料袋，所以他走过的地方没有一点污迹，还是那样干干净净的。

原因：不想把干净的地面弄脏了。

2. 擦地女工"眼里竟有泪光涌现"的原因是：其他人都只管走进阅览室，全然不顾脏的鞋子弄脏了才擦干净的地面，不尊重她的劳动成果；而这位送水男人，细心地观察到了才擦干净的地面，不忍心弄脏，尊重她的劳动成果。

3. 提示：修养就在生活细节中，无论身份高低，职业差别等，尊重别人。围绕这点联系生活实际答题即可。

三、1. 魏征用帝王的标准来要求皇帝，是正义、正确的代表；

2. 唐太宗本身行为有失妥当；

3. 唐太宗对待魏征劝谏的态度会影响到朝臣对唐太宗的评价，进而影响到朝臣对唐太宗的忠诚度，进而影响朝廷、国家的稳定。

第十四章 两宋风雨

一、1.（1）喂、捶、洗、擦、修剪；（2）"我"是有孝心的人。

2. 照顾幺爸幺婶到终老。

3. 孩子们懂得了善良和孝敬的真正内涵，养成了义不容辞、勇于担责、争献孝心的优良品质，明白了怎么做人和为人处事。

三、岳飞一直在北边作战，朝廷想与金人议和，主张战争并坚持战争的岳飞阻碍了朝廷的计划。

第十五章　元代烽烟

一、1. 慷慨：充满正气，情绪激昂。

斩钉截铁：形容说话或行动坚决果断，毫不犹豫。

2. 南宋不投降，元军马上就发起进攻，南宋朝廷在伯颜的威胁下，向元军投降。

3. 他是一个坚守民族气节、热爱祖国、宁死不屈的人。

三、略。

第十六章　明代家国

一、1. 追求新的文具，买很多零食，炫耀自己衣物，饭吃几口就倒掉，衣服随手扔掉。

2. 历史上"今日花天酒地，明日乞讨过街头"的例子，养成节俭的好习惯也是爱护地球妈妈的一种表现。

3. 略。

三、从他各人生活的角度：廉洁、简朴。从他处理胡宗宪儿子事件的角度：公正、刚直、智慧。

第十七章　清代战火

一、1. 残酷、恐怖等意思都可以。

2. 对美好生活的向往，对和平的渴望。

3. 略。合理即可。

三、略。

九州故事

下册

秦 菁 编著

四川大学出版社

目录

CONTENTS

九州故事（下册·教习）

第十八章　教子

 经典溯源

1. 孟母三迁

昔孟子少时，父早丧，母仉^①氏守节。居住之所近于墓，孟子学为丧葬、躄踊^②、痛哭之事。母曰："此非所以处子也。"乃去，遂迁居市旁，孟子又嬉^③为贾人炫卖之事，母曰："此又非所以处子也。"舍^④市，近于屠，学为买卖屠杀之事。

【释读】

从前，孟子小的时候和母亲住在墓地旁边。孟子就和邻居的小孩一起学着大人跪拜、哭嚎的样子，玩起办理丧事的游戏。孟子的母亲看到了，就皱起眉头："不行！我不能让我的孩子住在这里了！"孟子的母亲就带着孟子搬到市集旁边。在这里，孟子又学起商人嬉笑炫耀吆喝做生意。孟子的妈妈知道了，又说："这又不是可以让孩子住的地方。"他们又搬到市集靠近屠宰场的地方住下，孟子又学起买卖和屠宰猪羊的事来。孟子的母亲又皱眉

【注释】

①仉，音 zhǎng，姓。

②躄踊：音 bì yǒng。躄，用同"擗"，捶胸顿足，哀痛的样子。踊，往上跳，跳跃，形容情绪热烈。

③嬉：游戏。

④舍：住处。

母又曰："是亦非所以处子矣。"继而迁于学宫之旁。每月朔望⑤，官员入文庙，行礼跪拜，揖⑥让⑦进退，孟子见了，一一习记。孟母曰："此真可以处子也。"遂居于此。（刘向《列女传》）

头："这个地方也不适合我的孩子居住！"于是，他们又搬家了。这一次，他们搬到了学堂附近。每月农历初一这个时候，官员到文庙，行礼跪拜，互相礼貌相待，孟子见了之后都学习记住。孟子的妈妈很满意地点着头说："这才是我儿子应该住的地方呀！"于是居住在了这里。

【注释】
⑤朔望：朔，音 shuò，农历每月初一日。望，农历每月十五。
⑥揖：音 yī，拱手礼。
⑦让：谦让。

2. 画荻教子

欧阳公^①四岁而孤^②，家贫无资^③。太夫人^④以荻^⑤画地，教以书^⑥字。多诵古人篇章。及其稍长，而家无书读，就闾里^⑦士人家^⑧借而读之，或^⑨因^⑩而抄录。以至昼夜忘寝食，惟读书是务^⑪。自幼所作诗赋文字^⑫，下笔已如成人。（《宋史·欧阳修传》）

【释读】

欧阳修四岁时父亲就去世了，他的家境贫寒，家里没有钱供他读书。他的妈妈用芦苇秆在沙地上写画，教他写字。还教他诵读许多古人的篇章。到他年龄大些了，家里没有书可读，便就近到附近乡里街坊读书人家去借书来读，有时读了又接着抄写下来。就这样夜以继日、废寝忘食，只是致力于读书。从小写的诗、赋、文章，下笔就有成人的水平那样高了。

【注释】

①欧阳公：指欧阳修。欧阳修，北宋文学家，史学家。
②孤：幼年丧父。
③资：财务，钱财。
④太夫人：指欧阳修的母亲。
⑤荻：音dí，芦苇秆（gǎn）。
⑥书：写。
⑦闾里：闾，音lǚ。街坊，乡里，民间。
⑧士人家：读书人家。
⑨或：有时。
⑩因：借……机会。
⑪惟读书是务：只致力于读书。务，致力，从事。
⑫文字：文章。

3. 周处

周处年少时，凶强侠气①，为乡里所患②。又义兴水中有蛟③，山中有白额虎，并皆暴犯④百姓，义兴人谓为三横⑤，而处尤剧⑥。或说⑦处杀虎斩蛟，实冀⑧三横唯余其一。处即刺杀虎，又入水击蛟。蛟或浮或没⑨，行数十里，处与之俱⑩。经三日三夜，乡里皆谓已死，更相庆⑪。竟杀蛟而出，闻里人相庆，始知为人情所患，有自改意。处遂⑫改励⑬，终为忠臣孝子。（刘义庆《世说新语》）

【注释】

①侠气：任性使气，这里有"好争斗"的意思。
②为乡里所患：被同乡人认为是祸害。
③蛟：音 jiāo，古代传说中的一种龙，或说指鼍（tuó）鳄一类的动物。
④暴犯：侵害。
⑤三横：三害。横，祸害。
⑥尤剧：更厉害。
⑦或说：有人劝说。或，有人。说，音 shuì，劝说。
⑧冀：音 jì，希望。
⑨或浮或没：有时浮起、有时沉没。没，沉没
⑩与之俱：指同蛟一起浮沉。
⑪更相庆：互相庆祝。更，交替，轮换。
⑫遂：就。
⑬改励：改过自新。改，改过。励，勉励。

【释读】

周处年轻时，为人蛮横强悍，任性使气，是当地一大祸害。义兴的河中有条蛟龙，山上有只白额虎，一起祸害百姓。义兴的百姓称他们是三大祸害，三害当中周处最为厉害。

有人劝说周处去杀死猛虎和蛟龙，实际上是希望三个祸害相互拼杀后只剩下一个。周处立即杀死了老虎，又下河斩杀蛟龙。蛟龙在水里浮浮沉沉，漂游了几十里远，周处始终同蛟龙一起搏斗。经过了三天三夜，当地的百姓们都认为周处已经死了，接二连三互相对此表示庆贺。

结果周处杀死了蛟龙从水中出来了。他听说乡里人以为自己已经死了而对此庆贺的事情，才知道大家实际上也把自己当作一大祸害，因此，有了悔改的心意。

周处就改过自新，终于成为一名忠臣孝子。

识文解字

字　形	木 木 本
偏　旁	木
字　音	běn
本　义	树木的根部。
引申义	开始、基础。
相关字	末　木 末 末 本义：树木的顶梢。引申义：尖端、细小、不重要的东西。
词　语	本真：本源；真相；本来面貌本质；事物原有的根本性质；人的本性或主要品质。
成　语	舍本逐末：抛弃根本的、主要的，而去追求枝节的、次要的。比喻不抓根本环节，而只在枝节问题上下功夫。 本末倒置：树根和树梢倒了过来。比喻把事物的主和次颠倒了。

融通运用

一、读一读

爱与赞美

　　一位哲人说过这样一句话："一个吝啬赞美自己孩子的父母，一定会让孩子变得让他们无法赞美。"任何一个家长都不能贬低自己的孩子，不能一味地责骂他们。毕竟孩子也有自尊心，当他们的自尊心受挫时，便会破罐子破摔。其实只要家长多给孩子一点信心一点鼓励，或许结局会改写，孩子慢慢地变得越来越优秀，只要你肯给他们机会！偶然在网上看到过一个关于家长教育孩子的故事，与大家一起分享：

第一次参加家长会，幼儿园的老师说："你的儿子有多动症，在板凳上连三分钟都坐不了，你最好带他去医院看一看。"回家的路上，儿子问妈妈，老师都说了些什么，她鼻子一酸，差点流下泪来。因为全班30位小朋友，只有她的儿子表现最差；唯有对他，老师表现出不屑。然而她还是告诉她的儿子："老师表扬你了，说宝宝原来在板凳上坐不了一分钟，现在能坐三分钟了。其他的妈妈都非常羡慕你的妈妈，因为全班只有宝宝进步了。"那天晚上，她儿子破天荒吃了两碗米饭，并且没让她喂。

高中毕业了。第一批大学录取通知书下达时，学校打电话让她儿子到学校去一趟。她有一种预感，她儿子被第一批重点大学录取了，因为在报考时，她对儿子说过，相信他能考取重点大学。儿子从学校回来，把一封印有清华大学招生办公室的特快专递交到她的手里。突然，她转身跑到自己的房间里大哭起来，儿子边哭边说："妈妈，我知道我不是个聪明的孩子，可是，这个世界上只有你能欣赏我，尽管那是骗我的话……"听了这话，妈妈悲喜交加，再也按捺不住十几年来凝聚在心中的泪水，任它流下，打在手中的信上……

1. 短文中写了几件事情？分别是什么？

_____

2. 面对老师对儿子的评价，母亲是怎样说的又是怎样做的？

_____

3. 这篇短文表达的情感是什么？（   ）

   A. 表达母亲对老师的不屑一顾。

   B. 表达了母亲对儿子深深的爱。

二、写一写

☆习作要求

写一件你的父母帮助你学习的故事，题目自拟，300字左右。

☆习作方法

借助思维导图来对自己习作进行构思。

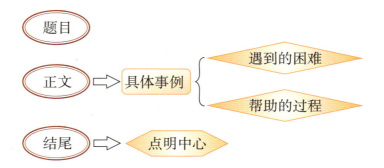

☆习作标准

（1）语句通顺，表达得体。

（2）感情真挚。

三、想一想

孟母三迁、画荻教子和周处的故事，告诉我们一个人的成长需要哪些条件？你认为哪个条件最重要？

三字经

人之初，性本善。性相近，习相远。

苟不教，性乃迁。教之道，贵以专。

昔孟母，择邻处。子不学，断机杼。

窦燕山，有义方。教五子，名俱扬。

养不教，父之过。教不严，师之惰。

子不学，非所宜。幼不学，老何为。

玉不琢，不成器。人不学，不知义。

为人子，方少时。亲师友，习礼仪。

第十九章　孝悌

经典溯源

1. 黄香温席

昔①汉时黄香，江夏②人也。年方③九岁，知事④亲之理。每当夏日炎热之时，则扇父母帷帐⑤，令枕席清凉，蚊蚋⑥远避，以⑦待亲之安寝⑧；至于⑨冬日严寒，则以身暖其亲之衾⑩，以待亲之暖卧。于是名播⑪京师⑫，号⑬曰"天下无双，江夏黄香。"（《东观汉记·黄香传》）

【释读】

汉朝的时候，有一个叫黄香的人，是江夏（今湖北境内）人。年纪刚刚九岁，就已经懂得孝顺长辈的道理。每当炎炎夏日到来的时候，就给父母的帐子扇扇子，让枕头和席子更清凉爽快，使蚊虫避开，来让父母舒服地睡觉；到了寒冷的冬天，就在父母睡觉前，先躺到床上，用自己的身体让父母的被子变得温暖，好让父母睡起来暖和。因此，黄香的事迹流传到了京城，号称"天下无双，江夏黄香"。

【注释】

①昔：往昔。
②江夏：古地名，在今湖北境内。
③方：当时、正当。
④事：服侍。
⑤帷帐：帐子。
⑥蚋：音 ruì，吸人血的小虫。
⑦以：让、使。
⑧寝：睡，眠。
⑨至于：到了。
⑩衾：音 qīn，被子。
⑪播：传播，流传，散布，传扬。
⑫京师：京城，国都。
⑬号：称，号称。

008

2. 煮粥侍姊

英公虽贵为仆射^①，其姊病，必亲为粥，釜^②燃辄焚其须。姊曰："仆妾多矣，何为自苦如此！"曰："岂为无人耶！顾^③今姊年老，勣亦年老，虽欲久为姊粥，复可得乎？"

（《隋唐嘉话》）

【注释】

①仆射：射，音 yè，官名。
②釜：音 fǔ，古代炊具，类似现在的锅。
③顾：只是。

【释读】

唐英公李勣（音 jì），身为仆射（yè），他的姐姐病了，他还亲自为她烧火煮粥，以致火苗烧了他的胡须和头发。姐姐劝他说："你的仆妇那么多，你自己为何要这样辛苦？"李回答说："难道真的没有人煮粥吗？我是想姐姐现在年纪大了，我自己也老了，即使想长久地为姐姐烧火煮粥，又怎么可能呢？"

3. 曾子耘^①瓜

曾子^②耘瓜，误斩其根，曾晳怒，建^③大杖以击其背，曾子仆地而不知^④人久之。有顷，乃苏，欣然而起，进于曾晳曰："向^⑤也得罪于大人，大人用力教参，得无疾乎^⑥？"退而就房，援琴而歌，欲令曾晳闻之，知其体康也。孔子闻之而怒，告

【释读】

曾子修整瓜地，不小心锄断了瓜苗的根，曾晳（曾子的父亲）大怒，举起大木棍来打他的背，打得曾子倒在地上许久都不省人事。良久，曾子才醒过来，他高高兴兴地从地上爬起来，恭敬地对父亲说："刚才儿子得罪了父亲大人，父亲用尽力气教训儿子，该不会累病了吧？"问

【注释】

①耘：音 yún，除草，此处译为"修整"更妥。
②曾子：曾子（公元前505—公元前435年），名参（shēn），字子舆，春秋末年鲁国人，中国著名思想家，孔子晚期弟子之一。
③建：竖起，此处译为"举起"更妥。
④知：知觉。
⑤向：刚才。
⑥得无……乎：该不会……吧？

门弟子曰："参来，勿内⑦。"曾参自以为无罪，使⑧人请于孔子⑨。

子曰："汝不闻乎？昔瞽叟有子曰舜，舜之事⑩瞽瞍，欲使⑪之，未尝不在于侧，索⑫而杀之，未尝可得。小棰则待过⑬，大杖则逃走。故瞽瞍不犯不父⑭之罪，而舜不失蒸蒸⑮之孝。

今参事父，委身⑯以待暴怒，殪⑰而不避，既身死而陷父于不义，其不孝孰⑱大焉？汝非天子之民也？杀天子之民，其罪奚若⑲？"

曾参闻之，曰："参罪大矣。"遂造⑳孔子而谢㉑过。

候了父亲之后，曾子退下来回到房里，拉起琴弦唱起歌，想要让父亲听到，让父亲知道他没有被打坏，身体健康无恙。

孔子听说了这件事很生气，告诉门下弟子："如果曾参来了，不要让他进来。"曾参认为自己没有过错，派人向孔子请教。孔子说："你没听说吗？从前瞽叟有一个儿子叫舜，瞽叟想要使唤他时，他没有一次不在身边，而瞽叟想要杀害他时，又总是找不到他。做儿子的受父亲责罚，如果挨的是小棰就等着被处罚，如果挨的是大棒就要逃走。所以瞽叟没有因为做父亲不称职而犯下过错，而舜也没有失去淳厚的孝道。如今曾参侍候父亲，放弃自己的身体来让父亲暴打，父亲往朝死里打他他也不躲一下。如果他被父亲打死了，那么父亲就犯了杀人之罪，做儿子的陷他父亲于不义。违逆父亲和让父亲犯死罪，他的不孝哪一个大啊？曾参你不是天子的子民吗？你的父亲杀了天子的子民，那是什么样的罪过？"曾参听说了这些话，说："我曾参的罪过确实大啊。"于是曾参拜访孔子，为自己的过错道歉。

【注释】

⑦内：音 nà，通"纳"，接纳。
⑧使：派。
⑨请于孔子：向孔子请教。
⑩事：服侍，侍奉。
⑪使：使唤。
⑫索：寻找。
⑬过：罪，加罪，处罚，隐含被动，被处罚。
⑭不父：不像父亲。
⑮蒸蒸：淳厚的样子。
⑯委身：献身，以身事人。
⑰殪：音 yì，被杀死。
⑱孰：谁，哪一个。
⑲奚若：何如，怎么样。
⑳造：拜访。
㉑谢：认错，道歉，谢罪。

识文解字

字　形	![习的篆书字形] 習 習 习
字　音	xí
本　义	上部分是一对羽毛，即翅膀，下部分是太阳。鸟儿在日光初升时练习飞翔。多次飞翔。多次、练习。
引申义	反复练习、熟悉、习惯、风气。
相关字	羽、翼。
词　语	习俗：一定社会中长期形成的习惯、风俗。 陋习：不良的习惯。
成　语	积习难改：长期形成的旧习惯很难更改。 习以为常：经常看到或经常做，形成了习惯，就以为很平常了。

 融通运用

一、读一读

荷叶母亲

冰　心

　　父亲的朋友送给我们两缸莲花，一缸是红的，一缸是白的，都摆在院子里。八年之久，我没有在院子里看莲花了——但故乡的院里，却有许多；不但有并蒂的，还有三蒂的，四蒂的，都是红莲。

　　九年前的一个月夜，祖父和我在园里乘凉。祖父笑着对我说："我们园里最初开三蒂莲的时候，正好我们大家庭里添了你们三姊妹。大家都欢喜，说是应了花瑞。"

　　半夜里听见繁杂的雨声，早起是浓郁的天，我觉着有些烦闷，从窗内往外看时，那一朵白莲已经凋谢了，白瓣小船般散漂在水里。梗上只留下小小的莲蒂，和几根淡黄色的花须。那一朵红莲，昨夜还是菡萏的，今晨却开满了，亭亭地在绿叶中间立着。

仍是不适意——徘徊了一会了，窗外雨声作了，大雨接着就来，愈下愈大。那朵红莲，被那繁密的雨点，打得左右欹斜。在无遮蔽的天空之下，我不敢下阶去，也无法可想。

对屋里的母亲唤着，我连忙走过去，坐在母亲旁边——一回头忽然看见红莲旁边的一个大荷叶，慢慢地倾斜过来，正覆盖在红莲上面……我不宁的心绪散尽了！

雨势并不减退，红莲也不摇动了。雨声不住地打着，只能在那勇敢慈怜的荷叶上面，聚了些流转不力的水珠。

我心中深深地受了感动——

母亲啊！你是荷叶，我是红莲，心中的雨点来了，除了你，谁是我在无遮盖天空下的隐蔽？

1. 朋友送给我们的两缸莲花是什么样子的？

_____

2. 为什么"我"看着红莲旁边的大荷叶，不宁的心绪散尽了？

_____

3. 你又把自己的母亲比作什么呢？为什么？

_____

二、写一写

☆习作要求

你为父母做过事吗？能清楚地叙述一件吗？题目自拟，300字左右。

☆习作方法

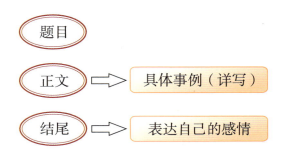

☆习作标准

（1）语句通顺，表达得体。

（2）感情真挚。

三、想一想

1. 联系孔融让梨、煮粥侍姊两则故事，你认为我们应该怎样和兄弟姐妹相处？

2. 读了《曾子耘瓜》，你认为，孝，是不是无条件服从呢？如果遇到父母行为过激甚至错误的情况，该怎么办呢？

三字经

香九龄，能温席。孝于亲，所当执。

融四岁，能让梨。弟于长，宜先知。

首孝悌，次见闻。知某数，识某文。

名言警句

1. 弟子入则孝，出则悌。（《论语·学而》）

2. 身体发肤，受之父母，不敢毁伤，孝之始也。立身行道，扬名于后世，以显父母，孝之终也。（《孝经·开宗明义》）

释　读

1. 弟子在家要孝顺父母，出外要敬爱兄长。

2. 我们的身体毛发皮肤是父母给我们的，不敢毁坏伤害，我们必须珍惜它、爱护它，这是行孝尽孝的基本要求。让自己健康成长按正确的原则做人、做事，让自己的名字为后人所景仰，就会让后世知道自己的父母教导有方，培养出了一个优秀儿女，这是人行孝尽孝的最高目的。

第二十章　音乐

经典溯源

1. 高山流水

伯牙子①鼓琴，钟子期听之，方鼓而志在太山，钟子期曰："善哉乎鼓琴，巍巍乎若泰山！"少选②之间，而志在流水，钟子期复曰："善哉乎鼓琴，汤汤③乎若流水！"钟子期死，伯牙破琴绝弦，终身不复鼓琴，以为世无足为鼓琴者。（《吕氏春秋·本味篇》）

【释读】

伯牙子弹琴，钟子期听他弹琴，伯牙子在弹琴时想着泰山，钟子期说："弹得好呀，就像那巍峨高大的泰山。"一会儿，伯牙子又想到流水。钟子期说："弹得好呀，就像那浩浩荡荡的流水。"钟子期死了以后，伯牙子摔琴断弦，终生不再弹琴，认为世上没有值得他为之弹琴的人。

【注释】

①伯牙子：即俞伯牙，春秋时楚国人，任职晋国上大夫。精通琴艺。
②少选：一会儿，不多久。
③汤汤：通"荡"，浩浩荡荡。

014

2. 余音绕梁

昔，韩娥东之①齐，匮②粮，过雍门③，鬻④歌假⑤食，既去而余音绕梁，三日不绝，左右以其人弗去⑥。过逆旅⑦，逆旅人辱之。韩娥因曼声⑧哀哭，一里老幼悲愁，垂涕相对，三日不食。遽⑨而追之。娥还，复为曼声长歌。一里老幼喜悦而舞，弗能自禁，忘向之悲也。乃厚赂发之。（《列子·汤问》）

【释读】

过去，有一个擅长唱歌的人，叫韩娥，是韩国人。一次她去东边，经过齐国，因路费用尽，便在齐国都城（临淄，今属山东）的雍门卖唱筹钱。韩娥声音清脆嘹亮，婉转悠扬，十分动人。她唱完以后，听众还聚在雍门，徘徊留恋，不肯散去。她离开后三天，她的歌声都依然在屋上梁间环绕飘荡。周围的人都以为她还没有离开。韩娥到一家旅店投宿，因为贫困，韩娥遭到了旅店主人的侮辱，韩娥伤心极了，用悠长的声音唱着哀伤的歌离去。她的歌声是那么悲凉，整个街巷里凡是听到她歌声的人都沉浸在悲伤里。一时间，老人小孩儿都充满悲伤，泪眼相看，三天都不吃饭。旅店主人只好又赶快把她追回来，请她唱一首欢乐愉快的歌曲。韩娥又重新高声欢歌，整个街巷的人听了都情不自禁高兴地跳起舞来，把此前的哀伤悲愁全都忘了。于是给了她很多钱送她走了。

【注释】

①之：到。
②匮：音 kuì，没有，缺少。
③雍门：雍，音 yōng，城门名称。
④鬻：音 yù，卖。
⑤假：借。
⑥去：离开。
⑦逆旅：旅店。
⑧曼声：拉长声音。曼，长。
⑨遽：音 jù，急速。

3. 秦王击缶

秦王饮酒酣，曰："寡人窃闻赵王好音①，请奏瑟。"赵王鼓瑟②。秦御史③前书曰："某年月日，秦王与赵王会饮，令赵王鼓瑟"。蔺相如前曰："赵王窃闻秦王善为秦声④，请奉盆缻⑤秦王，以相娱乐。"秦王怒，不许。于是相如前进缻，因跪请秦王。秦王不肯击缻。相如曰："五步之内，相如请得以颈血溅大王矣！"左右欲刃⑥相如，相如张目叱⑦之，左右皆靡⑧。于是秦王不怿⑨，为一击缻。相如顾召赵御史书曰："某年月日，秦王为赵王击缻"。

（《史记·廉颇蔺相如列传》）

【释读】

秦王饮到酒兴正浓时，说："我私下里听说赵王爱好音乐，请您奏瑟一曲！"赵王就弹起瑟来。秦国的史官上前来写道："某年某月某日，秦王与赵王一起饮酒，秦王令赵王弹瑟。"蔺相如上前说："赵王私下里听说秦王擅长秦地土乐，请让我给秦王捧上瓦缻，来相互为乐。"秦王发怒，不答应。这时蔺相如向前进献瓦缻，并跪下请秦王演奏。秦王不肯击缻，蔺相如说："在这五步之内，如果我自杀，脖颈里的血可以溅在大王身上了！"秦王的侍从们想要杀蔺相如，蔺相如睁圆双眼大声斥骂他们，侍从们都吓得倒退。因此秦王很不高兴，也只好敲了一下缻。相如回头来招呼赵国史官写道："某年某月某日，秦王为赵王击缻。"

【注释】

①好音：喜欢音乐。
②瑟：古代乐器，形似琴而较长大。通常配有二十五根弦。
③御史：官名。战国时御史专管图籍，记载国家大事。
④秦声：秦国的音乐。
⑤盆缻：均为瓦器。缻，音 fǒu。同"缶"。秦人敲打盆缻作为唱歌时的节拍。
⑥刃：刀锋。这里是杀的意思。
⑦叱：音 chì，喝骂。
⑧靡：音 mǐ，倒下，这里指后退。
⑨怿：音 yì，愉快。

识文解字

字　形	𤔲 𢓊 𠈌 從 从	
偏　旁	人	 汉画像砖中的人物形象（局部）
字　音	cóng	
本　义	跟随。两个向左行走的人，一个跟随另外一个。	
引申义	跟随的人，顺从，自，由。	
相关字	比　𢏚 𢏃 𠤎 比 本意：挨着，并列。 引申义：较量，比较。 词语：比肩、比邻。 成语：比翼齐飞、寿比南山。	
词　语	随从：随行人员，跟随。 屈从：屈服于压力，违心地服从。	
成　语	从善如流：形容很虚心，乐意接受正确的意见，像水往低处流一样自然顺畅。 弃笔从戎：犹投笔从戎。谓文人弃文就武。	

融通运用

一、读一读

谁是真正的朋友？

傍晚，一只羊独自在山坡上玩，突然从树木中窜出一只狼来，要吃羊，羊跳起来，拼命用角抵抗，并大声向朋友们求救。

谁是真正的朋友？

牛在树丛中向这个地方望了一眼，发现是狼，跑走了；马低头一看，发现是狼，一溜烟跑了；驴停下脚步，发现是狼，悄悄溜下山坡；猪经过这里，发现是狼，冲下山坡；兔子一听，更是箭一般离去。

山下的狗听见羊的呼喊，急忙奔上坡来，从草丛中闪出，一下咬住了狼的脖子，狼疼得直叫唤，趁狗换气时，仓皇逃走了。

回到家，朋友都来了，牛说：你怎么不告诉我？我的角可以剜出狼的肠子。

马说：你怎么不告诉我？我的蹄子能踢碎狼的脑袋。

驴说：你怎么不告诉我？我一声吼叫，吓破狼的胆。

猪说：你怎么不告诉我？我用嘴一拱，就让它摔下山去。

兔子说：你怎么不告诉我？我跑得快，可以传信呀。

在这闹嚷嚷的一群中，唯独没有狗。

真正的友谊，不是花言巧语，而是关键时候拉你的那只手。那些整日围在你身边，让你有些许欢喜的朋友，不一定是真正的朋友。而那些看似远离，实际上时刻关注着你的人，在你快乐的时候，不去奉承你；你在你需要的时候，默默为你做事的人，才是真正的朋友。而谁是你的真正的朋友，你又是谁的真正的朋友呢？

1. 读了短文，你知道谁才是羊真正的朋友？为什么？

   _____

2. 对比牛、马、驴、猪、兔子前后的言行，想想它们为什么不是羊真正的朋友？

   _____

3. 作者想通过这个故事，告诉我们什么道理？

   _____

二、写一写

☆ 习作要求

谁才是你真正的朋友？这位真朋友又做了什么事让你感到你俩之间的友情的呢？请认真回忆一下，在你的身边，谁才是真正的他。请以《真正的朋友》为题，写一篇 300 字以上的记事作文。

☆ 习作方法

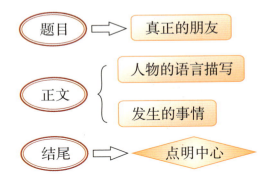

☆ 习作要求

（1）条理清楚，语句通顺，不写错别字。

（2）抓住特点进行人物语言描写。

（3）紧紧抓住友情来叙述，表达真情实感。

三、想一想

将以下乐器与词语配对连线（多选）：

匏

土

革

木

石

金

丝

竹

三字经

匏土革，木石金。丝与竹，乃八音。

第二十一章　德行

经典溯源

1. 以身居作

梁鸿家贫而尚节，博览无不通。尝牧①豕于上林苑中，曾误遗②火，延③及他舍④。乃寻访烧者，问所失财物，悉⑤以豕⑥偿之。其主犹以为少。鸿曰："无他财，愿以身居作⑦。"主人许⑧。因为执勤不解⑨。邻家耆老⑩察⑪鸿非恒人⑫，乃共责让⑬主人，而称鸿长者。于是，始敬鸿还其豕，鸿不受，偿之，方去⑭。（《后汉书·梁鸿传》）

【释读】

梁鸿贫穷但有气节，博览群书没有不通晓的，他曾经到上林苑放猪，曾经不小心留下火种烧起来，蔓延到别的人家。于是他主动寻找到被烧到的人家，询问他们损失的财物，了解后用自己的猪作为赔偿给了房子的主人。房子的主人还认为得到的补偿很少，梁鸿说："我没有别的财产，我愿意让自己留下来用劳动来补偿。"主人同意了。因为梁鸿做工勤奋毫不松懈，邻家的老人见梁鸿不是一般人，于是就批评那家主人要的赔偿过分了，并且称赞梁鸿是忠厚的人。于是，那家主人才开始敬佩梁鸿，又把猪还给他，梁鸿不接受，仍旧把猪赔偿给房屋主人，然后自己才离开。

【注释】

①牧：放牧。
②遗：遗留。
③延：蔓延。
④舍：房屋。
⑤悉：都。
⑥豕：音 shǐ，猪。
⑦以身居作：做佣工。
⑧许：同意。
⑨解：通"懈"，懈怠。
⑩耆老：耆，音 qí，（地方上）有名望、有地位的老人。
⑪察：观察。
⑫恒人：平常人，普通人。
⑬责让：责备。
⑭去：离开，离去。

2. 举案齐眉

梁鸿后至吴，依①大家皋伯通，居庑②下，为人赁③舂④。每归，妻为具食；不敢于鸿前仰视，举案齐眉。伯通察而异之，曰："彼佣以使其妻敬之如此，非凡人也。"乃方舍之于家。（《后汉书·梁鸿传》）

【释读】

　　（梁鸿）后来来到吴国，依傍名士皋伯通，住在廊屋之下，在他家当舂米的雇工。每天回家，妻子都为他筹备饭菜；妻子不敢抬头直视梁鸿，将餐盘托起呈给他，举得跟眉毛一样高，夫妻相敬如宾。伯通发现后很惊讶，说："那个用人能让妻子对他如此尊敬，可见不是一般人。"这才让他来家里面住。

【注释】

①依：依傍、依附。
②庑：音 wǔ，堂下周围的走廊、廊屋。
③赁：音 lìn，雇佣。
④舂：音 chōng，把东西放在石臼或其他容器里捣掉皮壳或捣碎。

3. 灭烛绝缨

楚庄王赐群臣酒，日暮酒酣①，灯烛灭，乃有人引②美人之衣者，美人援③绝其冠缨，告王曰："今者烛灭，有引妾衣者，妾援得其冠缨持之，趣④火来上，视绝缨者。"王曰："赐人酒，使醉失礼，奈何欲显妇人之节而辱士乎？"乃命左右曰："今日与寡人饮，不绝冠缨者不欢。"群臣百有余人皆绝去其冠缨而上火，卒尽欢而罢。

居三年，晋与楚战，有一臣常在前，五合五奋，首却敌，卒得胜之。

庄王怪而问曰："寡人德薄，又未尝异子，子何故出死不疑如是？"对曰："臣当死，往者醉失礼，王隐忍不加诛也；臣终不敢以荫蔽之德而不显报王也，常愿肝脑涂地，用颈血湔⑤敌久矣，臣乃夜绝缨者。"遂败晋军，楚得以强，此有阴德者必有阳报也。（《说苑》）

【注释】

① 酣：本义，酒喝得很畅快叫"酣"；引申义是尽兴，如酣睡。
② 引：拉扯。
③ 援：牵扯，拉。
④ 趣：同"促"，催促。
⑤ 湔：音 jiān，溅洒。

【释读】

春秋五霸之一的楚庄王有一次宴请群臣，喝酒直喝到天都黑了，就点上蜡烛接着喝，一阵风吹来，蜡烛突然灭了，这时候楚庄王的一个宠妃正在大臣席上敬酒，有个大臣喝醉了，就趁黑灯瞎火的时候扯这位美人的衣服调戏她，这个美人一伸手把这个人的帽缨扯下来了。美人摸黑跑到楚庄王面前对他说："刚才蜡烛灭后，有人调戏我，我把他的帽缨扯下来了，你赶紧命人点灯，看看谁帽子上没有帽缨，一看就知道是谁调戏了我。"楚庄王说："是我让他们喝酒的，醉后失礼是人之常情，怎么能为了显示女人的节操而侮辱大臣呢?!"于是，马上命令群臣说："大家都把帽缨扯下来，痛快喝酒，咱们一醉方休。"大臣们一百多人都把帽缨扯掉，然后才点灯，接着喝酒，尽欢而散。

三年以后，晋国与楚国交战，有一位大臣奋勇争先，五场战斗都冲杀在最前面，首先击退晋军。楚军最终获得胜利。

楚庄王感到奇怪就问这位大臣说："我的德行不够高，也从来没有重视过你，你为什么为我奋不顾死呢？"这位大臣说："我罪当死，以前我喝醉了做了违背礼仪的事，大王您宽宏大量不治我的罪；大王的德行荫蔽，我不敢不明白地报答大王，我因此一定要为您肝脑涂地，用我脖颈上的鲜血溅洒在敌人身上。上次夜里宴会上调戏美人的就是我。"于是楚国打败了晋国军队，楚国得以强大起来。

这就是说的有隐藏的德行一定会有明显的报答。

 识文解字

字　形	文 文 文 文	
偏　旁	文	
字　音	wén	
本　义	胸前刻的花纹。	
引申义	纹饰、文采。	
相关字	斑、斐。	古代黎族人的文身
词　语	文身：在人的皮肤上刺绘出有颜色的花纹或图形。 文辞：言辞动听的辞令。	
成　语	文过饰非：文、饰，掩饰；过、非，错误。用漂亮的言辞掩饰自己的过失和错误。 文才武略：武略，军事方面的才能。既有文学才能，又有军事才能。形容文武兼备。	

 融通运用

一、读一读

信任，让生活更美好

有许多事物，都让生活变得美好。我认为，信任，最美好。

今天出门时看见有人在和一个小摊主吵架，说什么这种小贩最不守信，不值得信任……我不禁回想起了那天，那个老伯伯，他给了我无穷的信任。也正是他，让我感受到了"信任"这个词的重量。

记得那是一个早晨，我家中的修正带用完了，便打算出去买一个。我带

上钱包出门，转了一大圈，很意外地没有找到已经开门的文具店。我有些焦急，忽然瞧见不远处有一个卖文具的小摊。我仿佛看到了希望，三步两步跑去。摊主是一个老伯伯，很瘦很瘦，脸颊深深地凹了下去，眼睛凸出，皮肤被太阳晒得黝黑，正弓着背，用那指节分明的手指点钱。见我过来，便露出一抹欢迎的笑容。我挑了挑眉，很快挑好了一个修正带，准备付钱。

"老伯伯，修正带几元？"

老伯伯笑笑，回答说："八元。"

我打开钱包，突然整个人好像石化了，只……只剩下了五元了！我欲言又止，想让老伯伯便宜点，又觉得他做生意的也不容易，有些不好意思开口。

老伯伯仿佛看出了我的心思，大方地问："小姑娘，你钱没带够吗？"

"嗯……那……要不我去……拿钱？"我支支吾吾地说。老伯伯点点头，欣然同意。还示意我可以把修正带拿走，过两天再还钱也没事。

我拿着修正带，走回家。路上，我突然想到，我没有把钱给他，那如果把修正带悄悄拿走，不还钱，老伯伯不也不知道吗？他真的那么相信我？

"我把修正带偷拿走……"

"不！他那么信任我……"

"他又不知道……"

"这样可不好……"

嗯，不能辜负他对我的信任！我的脚步加快了，赶忙回家拿了一张五元纸币，又奔出家门。我跑得如一阵风，满头大汗，气喘吁吁。再见到我时，老伯伯显得很惊讶："小姑娘，跑得那么快，不需要啊！我又不急，你明天还也没关系呀，我一直在。"说完，憨厚地朝我笑了笑。我点点头，心里一阵触动，望着老伯伯找钱的身影：背驼得更厉害了，一双手仔细地翻着，早晨的阳光透过细碎的树叶撒进他的满头银丝里。想起刚刚回去时的想法，不禁羞愧万分。

我看着眼前仍在争执的两个人，真想对他们说：人与人之间不都应该互相诚信吗？你给我一份信任，我理当还你一份诚信，不是吗？只有这样，世界才会更美好，生活才会美好，信任被信任，都值得高兴。

1. 用"____"勾画出描写老伯伯外貌的句子，并说说自己的感受。

_____

2. 文中有多次运用省略号，说说这些省略号的作用。

_____

3. 你的生活中有被人信任吗？请联系生活实际说说你对信任的理解。

_____

二、写一写

☆习作要求

很多事情，我们习以为常，但不知来源，因为我们在不断地学习，学习许多知识，那我们的见识也在不停增长。请同学们以《_____让我长见识》为题，写一篇脑洞大开的文章。字数300字以上。

☆习作方法

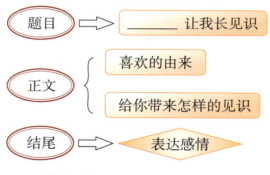

题目 ⇒ _____让我长见识

正文 { 喜欢的由来 / 给你带来怎样的见识

结尾 ⇒ 表达感情

☆习作标准

（1）围绕中心将内容叙述清楚。

（2）不出现错别字。

三、想一想

将"灭烛绝缨"的故事讲给父母听，讨论以下几个问题：

1. 楚庄王为什么下令群臣都"绝缨"？

2. 你们楚庄王对大臣调戏姬妾一事的处理方式，各有什么看法？

三字经

父子恩，夫妇从。兄则友，弟则恭。

长幼序，友与朋。君则敬，臣则忠。

此十义，人所同。

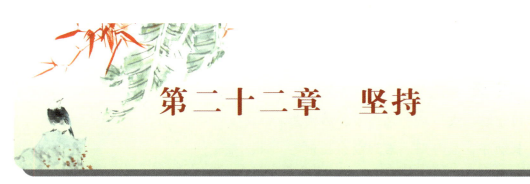

第二十二章　坚持

经典溯源

1. 弃书捐剑

项籍①少时，学书不成，去②。学剑，又不成。项梁③怒之④。籍曰："书，足以记名姓而已。剑，一人敌，不足学。学万人敌。"于是项梁乃教籍兵法，籍大喜；略⑤知其意，又不肯竟学。

后刘、项相争，刘邦智取，项籍以力斗，然终为刘所败，乃智穷也。（《史记·项羽本纪》）

【释读】

项羽年少时，读书没有成就，就丢开读书去练剑，又无所成。项梁对他很生气。项羽说："读书，只要能够让人记住姓名就可以了。学剑，又只可以战胜一个人，不值得学。要学就要学能战胜千万人的知识。"于是项梁开始教项羽学习兵法，项羽很高兴；可是刚刚懂得了一点儿兵法的大意，又不肯学到底了。

后来，刘邦和项羽争夺天下，刘邦凭借智取，而项羽则用蛮力拼斗，然而最终被刘邦打败，是智力不足啊。

【注释】

①项籍：项羽，名籍，字羽。
②去：去掉，指放弃学书。
③项梁：项羽的叔父。
④怒之：对此感到很愤怒。
⑤略：大概。

2. 王冕苦学

王冕者，诸暨人。七八岁时，父命牧①牛垄②上，窃③入学舍听诸生诵书；听已，辄默记。暮归，亡其牛。或④牵牛来责蹊⑤田。父怒，挞⑥之，已而复如初⑦。母曰："儿痴如此，曷⑧不听其所为？"冕因去，依僧寺以居，夜潜⑨出，坐佛膝上，执策⑩映长明灯读之，琅琅达旦⑪。佛像多土偶，狞恶可怖⑫，冕小儿，恬⑬若不见。安阳韩性⑭闻而异之，录⑮为弟子。学遂为通儒⑯。（《宋学士全集·王冕传》）

【释读】

　　王冕是诸暨人。他七八岁的时候，父亲让他到地里放牛，他却偷偷跑到学堂去听学生念书，听完就默默地背诵。他黄昏回去的时候，丢失了牛。有人牵着牛过来责备他的牛践踏了田地，王冕的父亲非常生气，打了他，但事后王冕还是这样。王冕的母亲说："儿子像这样痴迷读书，为什么不听从他，让他做自己想做的事情呢？"于是王冕离开家，到寺院居住。晚上他偷偷出来，坐在佛像膝上，拿着书映着长明灯读，书声琅琅直到天亮。佛像大多是土偶，狰狞恐怖。王冕虽然是小孩，却心神安适得好像没看见佛像。安阳的韩性听说他苦学的事，感到惊异，就收他为弟子。王冕努力学习，于是成为博学多闻、通晓古今的儒者。

【注释】

①牧：放牧牲畜。
②垄：田埂。
③窃：偷偷地，暗中。
④或：有人。
⑤蹊：音 xī，践踏。
⑥挞：音 tà，（用鞭、棍等）打人。
⑦已而复如初：不久，又像原先那样。
⑧曷：音 hé，通"何"，为什么。
⑨潜：暗暗地，悄悄地。
⑩执策：拿着书。
⑪达旦：到早晨，到天亮。
⑫狞恶可怖：狞，音 níng，狰狞凶恶，令人害怕。
⑬恬：神色安然，满不在乎的样子。
⑭韩性：绍兴人，元代大学者。
⑮录：收。
⑯通儒：指博学多闻、通晓古今的儒者。

3. 伤①仲永

金溪②民方仲永，世隶③耕。仲永生五年，未尝识书具④，忽啼求⑤之。父异⑥焉，借旁近⑦与⑧之，即书诗四句，并自为其名。自是指⑨物作诗立就⑩，其文⑪理皆有可观者。邑人⑫奇⑬之，稍稍⑭宾客⑮其父，或以钱币乞⑯之。父利其然⑰也，日⑱扳⑲仲永环谒于邑人，不使学。又七年，泯然众人矣⑳。（宋·王安石）

【释读】

金溪平民方仲永，世代以种田为业。仲永长到五岁时，不曾见过书写工具，一天忽然哭着要这些东西。父亲对此感到惊异，从邻近人家借来给他，他当即写了四句诗，并且自己题上自己的名字。从此有人指定事物叫他写诗，他能立刻完成，诗的文采和道理都有值得欣赏的地方。同县的人对他感到惊奇，渐渐地请他的父亲去做客，有人用钱财和礼物求仲永写诗。他的父亲认为那样有利可图，每天牵着方仲永四处拜访同县的人，不让他学习。再过了七年，他的才能完全消失，跟普通人一样了。

【注释】

①伤：哀伤，叹息。
②金溪：地名，今在江西金溪。
③隶：属于。
④书具：书写的工具（笔、墨、纸、砚等）。
⑤求：要。
⑥异：对……感到诧异。
⑦借旁近：就近借来。旁近，附近，这里指邻居。
⑧与：给。
⑨指：指定。
⑩就：完成。
⑪文：文采。

⑫邑人：同（乡）县的人。
⑬奇：对……感到惊奇（奇怪）。
⑭稍稍：渐渐。
⑮宾客：以宾客之礼相待。
⑯乞：求取。
⑰利其然：认为这样是有利可图的。利，认为……有利可图。
⑱日：每天。
⑲扳：音 pān，通"攀"，牵，引。
⑳泯然众人矣：完全如同常人了。泯（mǐn）然：消失，指原有的特点完全消失了。众人，常人。

识文解字

字 形	舌 舌 舌 言	
偏 旁	讠	
字 音	yán	
本 义	大箫（一种乐器）。	
引申义	说，议论，言论，字。	
相关字	训、记。	战国铜器上的吹箫手
词 语	食言：违背诺言，失信。 巧言：表面上好听而实际上虚伪的话。	
成 语	妙不可言：妙，美妙。形容好得难以用文字、语言表达。 大言不惭：说大话却不感到难为情。	

融通运用

一、读一读

爱读书的陶行知

　　陶行知小时候十分聪明。他常到邻村叶家玩，看到厅堂里的对联字画，就用竹条在泥地上描摹。他到了读书的年龄，家里无力为他缴纳学费让他去上学。幸好有位秀才在附近开馆教书，很喜欢聪明好学的陶行知，愿意免费收他为学生。这样，6岁的陶行知就得到了接受启蒙教育的机会。9岁时，陶行知来到外婆家，外婆见他聪明伶俐，就把他送到吴尔宽先生的学堂伴读，陶行知这才正式入学。在那里，陶行知练出了一手好书法。启蒙教育结束之后，他便进入学堂，读四书五经。

　　10岁时，因父亲失业，陶行知只得半工半读。他每天砍一担柴，挑到城里卖掉后再去上学，每天往返20里，就这样学完了四书五经。这时的陶行知已深知读书对穷孩子来说是多么不容易，因此学习更为刻苦自觉。他听说距黄潭源村15里的小南海航埠头曹家，有一位满腹经纶的前清贡生王老先生在主持学馆，便前去求学。王老先生被他的诚意所感动，便免费让他伴读。

少年陶行知迫于生活的压力，不能一心读书，必须经常参加劳动。他有时替父亲挑瓜、挑柴进城出售，有时帮母亲挑水、洗菜。崇一堂校长见陶行知勤奋好学，便允许他免费入学。这样，15岁的陶行知进入了崇一学堂。由于基础扎实，他一入学就直接被编入二年级，毕业时，他的成绩名列第一。在崇一学堂读书期间，陶行知既学现代科学知识，又没丢下古典文学。因为家境不好，他向崇一学堂的同学借来唐诗选本，在吟诵之余将一本书工工整整地抄完了。还书时，同学的父亲问陶行知唐朝诗人中最推崇谁，他不假思索地回答："杜甫和白居易。"并说："杜诗沉郁有力，多伤时忧国之作；白诗通俗易懂，道出民生疾苦。"同学的父亲为陶行知有这样的想法而感到惊奇，他认为陶行知一定会有所作为。

后来，陶行知成为我国著名的教育家。

1. 说说短文具体讲了陶行知哪几件爱读书的事情？

_____

2. 陶行知在读书的过程中，遇到了哪些困难，他是怎么克服的？

_____

3. 读了这篇短文，你认为陶行知为什么能成为我国著名的教育家？

_____

二、写一写

☆ 习作要求

热爱学习会让一个人变得丰富、多才。请叙述一个你所熟悉的热爱学习的人，写出他（她）热爱学习的具体行为，还有他通过学习获得的收获。题目自拟。字数300字以上。

☆习作方法

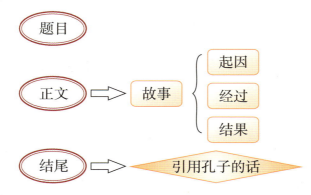

☆习作标准

（1）条理清楚，语句通顺，无错别字。

（2）故事的经过（详写），多多运用语言和动作描写。

（3）点明中心，突出学习的重要性。

三、想一想

将"伤仲永"和"弃书捐剑"的故事讲给家长听。思考一下两个问题：

1. 方仲永为什么由神童变成了普通人？

2. 将《弃书捐剑》的项羽和《刮目相看》的吕蒙作对比，他们有什么不同？这两个故事给我们什么启示？

三字经

为学者，必有初。小学终，至四书。

论语者，二十篇。群弟子，记善言。

孟子者，七篇止。讲道德，说仁义。

作中庸，子思笔。中不偏，庸不易。

作大学，乃曾子。自修齐，至平治。

名言警句

1. 靡不有初，鲜克有终。

（《诗经·大雅·荡》）

2. 不积跬步，无以至千里。不积小流，无以成江海。（荀子《劝学》）

释 读

1. 没有人不能把事情做个开头，但很少人能够坚持做到最后。

2. 不累积半步一步，就不能到达千里远的地方；不积累细小的河流，就不能形成江海。

第二十三章　传承

经典溯源

1. 周公吐哺

周公戒伯禽曰："我文王之子，武王之弟，成王之叔父，我于天下亦不贱①矣。然我一沐三握发，一饭三吐哺②，起以待士，犹恐失天下之贤人。子之③鲁，慎无以国骄④人。"

（《史记·鲁周公世家》）

【注释】

①贱：地位低下。
②哺：音 bǔ，喂养，此处指口里含着的食物。
③之：去。
④骄：骄傲、怠慢。

【释读】

周公告诫伯禽（周公的儿子）说："我是文王的儿子、武王的兄弟、成王的叔父，在全天下人中我的地位不算低了。但我却洗头时因有贤士来访来不及弄干头发，多次直接用手握起头发奔出去迎接，在吃饭时因有贤士来访来不及吞下，多次直接吐出正在咀嚼的食物赶出去接待，这样还怕失去天下贤人。你到鲁国之后，千万不要因为自己有国土而对人骄傲怠慢。"

2. 焚书坑儒

史官非秦记皆烧之。非博士官所职，天下敢有藏诗、书、百家语者，悉诣守、尉①杂烧之。有敢偶语②诗书者弃市③。以古非今者族④。吏见知不举者与同罪。令下三十日不烧，黥⑤为城旦⑥。所不去⑦者，医药卜筮⑧种树⑨之书。……诸生在咸阳者，或为妖言以乱黔首⑩。使御史悉案问⑪诸生，四百六十余人，皆坑⑫之咸阳，使天下知之，以惩后⑬。（《史记·秦始皇本纪》）

【释读】

不是秦国的传记就烧了，不是博士官员，天下有谁敢收藏《诗》《书》和百家言论的，就交由守卫和廷尉加火烧死。有谁敢私下谈论诗书的抓到集市斩首示众。以古事为标准非议现在朝政的人以灭族论处。官吏知道这些事情而不举报的与他们同罪。要是命令下达30天之后不烧书的，处以墨刑并发配去修城墙。不用烧毁的书是医药、卜筮和种树方面的书籍。……那些在咸阳的儒生，有人用怪诞邪说来祸乱民众。朝廷派遣御史对他们全部进行审问。违反禁令的四百多人，朝廷把他们全部活埋在咸阳。让天下的人都知道，以此来惩戒后来的人不要私自藏书和议论国事。

【注释】

①守、尉：郡守、郡尉，秦朝时官职。
②偶语：相对私语。
③弃市：古代在闹市执行死刑，表示与众共弃，叫弃市。
④族：灭族，满门抄斩。
⑤黥：音qíng，又称墨刑，其法是以刀刻凿人面（体）再用墨涂在刀伤创口上，使其永不褪色。
⑥城旦：秦汉时刑罚名。白天守边防寇，晚上筑长城，刑期四年。
⑦去：除掉、减掉。
⑧卜筮：筮，音shì。占卜。用龟甲称卜，用蓍（shī）草为筮。
⑨种树：种植。
⑩黔首：黔，音qián。普通民众。
⑪案问：审问。
⑫坑：把人活埋。
⑬惩后：警戒后来者。

3. 伏生传书

伏生①者，济南人也。故为秦博士②。孝文帝③时，欲求能治④《尚书》者，天下无有，乃闻伏生能治，欲召之。是时伏生年九十余，老，不能行，于是乃诏太常⑤使掌故⑥晁错⑦往受之。秦时焚书，伏生壁藏之。其后兵大起，流亡，汉定，伏生求其书，亡⑧数十篇，独得二十九篇，即以教于齐鲁之间。学者由是颇能言《尚书》，诸山东大师无不涉《尚书》以教矣。（《史记》）

【释读】

伏生，是济南郡人。先前做过秦朝博士。孝文帝时，他想找到能研究《尚书》的人，遍寻天下不得，后听说伏生会讲授，就打算召用他。当时伏生已年寿九十余岁，人很老了，不能行走，于是文帝就下令太常派掌故晁错前往伏生处向他学习。秦朝焚烧儒书时，伏生把《尚书》藏在墙壁里。后来战乱大起，伏生出走流亡，汉朝平定天下后，他返回寻找所藏的《尚书》，已丢失了几十篇，只得到二十九篇，于是他就在齐鲁一带教授残存的《尚书》。自此学者们都很会讲解《尚书》，崤山以东诸位著名学者无不涉猎《尚书》来教授学生了。

【注释】

①伏生：伏生系孔门弟子宓子贱后裔。秦统一后，朝廷设博士70员以备顾问，伏生即为其一。
②博士：古代学官名。六国时有博士，秦朝沿袭。唐有太学博士、算学博士等，明清仍有，稍有不同。
③孝文帝：即汉文帝刘恒（前203年—前157年），前180年—前157年在位，汉高祖刘邦第四子，西汉第五位皇帝。
④治：研究。
⑤太常：汉代掌管宗庙祭祀和礼仪的官员，位列汉朝九卿之首，地位十分崇高，兼管文化教育、郡县行政，也统辖博士和太学。
⑥掌故：汉代掌管礼乐制度等官员的官名。
⑦晁错：晁错（前200年—前154年），汉族，颍川（今河南禹县）人，西汉政治家、文学家。
⑧亡：丢掉、失去。

识文解字

字　形	𤔔　𤔔　易　易
字　音	yì
本　义	蜥蜴的象形字，被假借为"交换"。
引申义	交易、贸易、改变、容易。
相关字	蜴。
词　语	易容：改变容貌。 贸易：商品买卖活动。
成　语	拔旗易帜：旗，旗帜；易，换。拔掉别人的旗子，换上自己的旗子。比喻取而代之。 易如反掌：像翻一下手掌那样容易，形容事情非常好办。

 融通运用

一、读一读

向儿子道歉

出差几日不读书，心无所属，情无所依，甚至终日惶惶，所以到家后一头拱进书房，以解书瘾之困窘。

出差前千叮咛万嘱咐托朋友从省城购一本毕淑敏散文集，当时因时间紧迫，未能精细阅读，今天时间充裕，岂可错过。目光急切浏览书架，却未寻到想读的那本书。心里"咯噔"一下，暗叫不妙。书哪去了？我问儿子。儿子起初摇头不语，但我发现他眼神闪闪烁烁，像在隐藏躲避什么。在我的追问下，他吞吞吐吐地说，书被他弄湿了，正在衣柜里阴干。我一听，几乎拍案而起，声色俱厉地责备起来。显然儿子被我怒发冲冠的样子吓坏了，小脸煞白，满脸的惊恐。看到儿子这样，我不忍再发脾气。出乎意料地，在我偶旗息鼓时，他竟然不服气地说："不就是一本书吗，发这么大火？"真是胆肥了，居然敢反驳。我气不打一处来，脑门一热，抢起巴掌狠狠地照着他的屁股揎了两下，手都打疼了。儿子哇哇乱叫起来，我则像一只斗败的鸡，垂头丧气地坐在沙发上喘粗气。

这时，老公下班回来，看到母子俩对峙的场面，嬉皮笑脸地做起了和事佬。先是哄好儿子去学习，然后拉我到房间，小声说："不问青红皂白就打孩子，太鲁莽了。你知道吗？当孩子发现书被弄湿后，使劲鼓起腮帮子把水迹吹干，可他不满意，又找来吹风机吹，差点烫着手，还在湿的书页里夹上吸水面巾纸，最后才放到衣柜里阴干。他还等你回来夸他聪明呢。"老公一番话，像一盆冷水浇到我的头上。是呀，当儿子发现错误时，没有置之不理，却以一种积极的态度、周全的做法把损失减到最低。这种优秀的品质比一本书要珍贵许多。

我低着头蹭到儿子跟前，向儿子道歉。

1. 你从文中哪些对"我"的描写中，感受到了"我"是一个爱读书的人？

_____

2. "我"为什么抢起巴掌揎了两下儿子的屁股？

_____

3. "我"究竟错在哪里？

_____

二、写一写

☆习作要求

捧着最爱的书籍，美美地读一读，我们的生活多么地幸福，让我们一起来写一写最爱的书吧。请以《我最爱的一本书》为题写一篇文章，300字左右。

☆习作方法

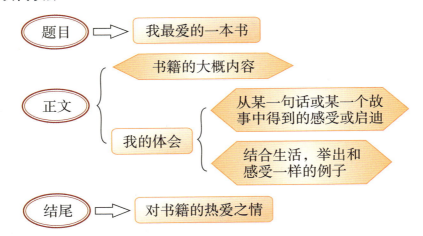

题目 ⟹ 我最爱的一本书

正文 {
　　书籍的大概内容
　　我的体会 {
　　　　从某一句话或某一个故事中得到的感受或启迪
　　　　结合生活，举出和感受一样的例子
　　}
}

结尾 ⟹ 对书籍的热爱之情

☆习作标准

（1）语句通顺，条理清楚，无错别字，无病句。

（2）只有认真读了书才能真正写出你对书的喜爱之情。

（3）小窍门：一边读一边想象画面，将画面变成文字，就是你的体会。

三、想一想

1. 周公是创作"六经"中《周礼》的人，你想象一下，《周礼》从经典创作到流传到现在，经历了什么过程？

2. 中国文化是全世界唯一历经五千年没有断绝的文化。能够五千年不断绝，从本章的故事来看，作为国民，是哪些品质保障了中国文化的传承？

名言警句

1. 周公吐哺，天下归心。（曹操《短歌行》）

2. 格物，致知，诚意，正心，修身，齐家，治国，平天下。（《大学》）

释　读

1. 周公热情欢迎善待贤才，天下的人都心悦诚服地归顺于他。

2. 认知研究万事万物，获得知识，使意念真诚，使心思端正，修养品性，管理好家庭家族，治理好国家，使天下太平。

三字经

孝经通，四书熟。如六经，始可读。

诗书易，礼春秋。号六经，当讲求。

有连山，有归藏。有周易，三易详。

有典谟，有训诰。有誓命，书之奥。

我周公，作周礼。著六官，存治体。

大小戴，注礼记。述圣言，礼乐备。

曰国风，曰雅颂。号四诗，当讽咏。

诗既亡，春秋作。寓褒贬，别善恶。

三传者，有公羊。有左氏，有谷梁。

经既明，方读子。撮其要，记其事。

五子者，有荀扬。文中子，及老庄。

第二十四章　贵贱

经典溯源

1. 苏秦刺股

（苏秦）说秦王书十上而说①不行②，黑貂之裘③弊④，黄金百斤尽，资用乏绝⑤，去秦而归。嬴縢履蹻⑥，负书担橐⑦，形容枯槁，面目犁黑，状有愧色。归至家，妻不下纴⑧，嫂不为炊，父母不与言。苏秦喟叹曰："妻不以我为夫，嫂不以我为叔，父母不以我为子，是皆秦之罪也！"乃夜发书，陈箧数十，得太公《阴符》之谋，伏而诵之，简练⑨以为揣、摩。读书欲睡，引锥⑩自刺其股，血流至足。（《战国策·秦策》）

【释读】

苏秦游说秦王，上书进言十次，他游说的内容（指连横策略）得不到实行。黑貂皮衣破了，百斤黄金（托人进见用的礼物和金钱）用光了，钱财快要用完了，只有离开秦国回家。他挑着书袋，身体干瘦，面容黄黑，脸上露出惭愧的神色。回到家里，妻子不从织布机上下来迎接他，嫂子不给他做饭，父母不跟他说话。于是他就在夜间打开书籍攻读。摆开几十个书箱，找到姜太公的兵书《阴符》的谋略，伏案诵读，分辨、选择、练习，反复钻研揣摩，探求它的真谛。读书困倦想睡觉时，就拿锥子刺自己的大腿，刺得血流到脚上。

【注释】

①说：音 shuì，游说，说服别人同意自己的主张。
②行：实行、施行。
③裘：音 qiú，毛皮做的大衣。
④弊：音 bì，破败。
⑤乏绝：缺乏、穷尽、完了。

⑥嬴縢履蹻：嬴，音 léi，缠绕。縢，音 téng，绑腿布。蹻，音 qiáo，草鞋。这句说，他裹着绑腿布，踏着草鞋。
⑦橐：音 tuó，口袋。
⑧纴：音 rèn，织布帛的丝缕，纺织。
⑨简练：简，选择，练，训练。
⑩锥：音 zhuī，一头尖锐，可以扎窟窿的工具。

041

2. 前倨后恭^①

将说楚王，路过洛阳，父母闻之，清宫除道^②，张乐设饮^③，郊迎三十里。妻侧目而视，倾耳而听。嫂蛇行匍伏，四拜自跪而谢。苏秦曰："嫂何前倨而后卑也？"嫂曰："以季子^④之位尊而多金。"苏秦曰："嗟乎！贫穷则父母不子，富贵则亲戚畏惧。人生世上，势位富厚，盖^⑤可忽乎哉？"（《战国策·秦策》）

【释读】

　　苏秦将要去游说楚威王，路过洛阳。父母得知，就赶紧整理房间、清扫道路，雇用乐队，准备酒席，到距城 30 里远的郊外去迎接；妻子对他敬畏得不敢正视而只敢斜着眼睛来看他的威仪，侧着耳朵听他说话；而嫂子跪在地上不敢站起，像蛇一样在地上爬到苏秦跟前，对苏秦一再叩头请罪。苏秦问："嫂子你对待我为什么以前那样的傲慢不逊，而现在又这样的卑下谦恭呢？"他嫂子答："因为小兄弟你现在地位尊显、钱财富裕啊。"苏秦长叹一声说道："唉！一个人如果穷困落魄，连父母都不把他当儿子，然而一旦富贵显赫之后，亲戚朋友都会畏惧他。由此可见，一个人活在世界上，权势和富贵怎么能忽视不顾呢！"

【注释】

①前倨后恭：倨，音 jù，傲慢；恭，恭敬。以前傲慢，后来恭敬。形容对人的态度改变。
②清宫除道：整理房间、清扫道路。
③张乐设饮：布置乐队演奏音乐，准备酒席。
④季子：称兄弟排行中年龄最小的人。
⑤盖：音 hé，通"盍"，怎么。

识文解字

字　形	股
偏　旁	月（肉） 本意：一块肉。动物肌肉。引申义：瓜果去皮去核中间部分。
字　音	gǔ
本　义	大腿（从胯到膝盖部分）。
引申义	组成线（绳）的一部分，集合资金的一部分。
相关字	肥、脸。
词　语	股肱：大腿和胳膊。均为躯体的重要部分。引申为辅佐君主的大臣。又比喻左右辅助得力的人。 股掌：掌与股。置放、玩弄小儿之处。喻指胁持、控制的范围。
成　语	狗颠屁股：狗在主人面前摇尾乞怜。形容对人逢迎献媚的丑态。 腹心股肱：腹心，心腹，比喻左右亲信；股肱，比喻帝王身边的得力臣子。形容十分亲近且办事得力的人。

 融通运用

一、读一读

每件小事都值得庆祝

　　中午出去吃饭的时候，老板娘抬头看了看我笑着说："姑娘长得真漂亮。"我也跟着乐呵呵地笑了笑，老板娘是个很面善的人。我心里很清楚，可能这句话她曾对很多人都说过。暂且不论她是否出于真心，但她夸了我，我就会觉得开心。可能我在早上的时候因为早起没睡好而闷闷不乐，但在下午听到这句话之后心情立马就灿烂。我开心并不是因为她夸我漂亮或者怎样，而是因为在一个平淡无奇的日子里有人愿意赠予我好心情。

记得去年有次早晨跟朋友一起吃早点，老板多送了一个包子。于是就对朋友说老板人超赞，今天肯定又是美好的一天！朋友笑话我说我傻，人家做生意的就算是多送了你一个包子也照样还是赚了你的。其实我知道啊，但我为什么就不能高兴了呢？人家毕竟是生意人，不送是本分，但送了或许就是情分。

大多数时候人都是这样的想法，认为很多事情都是自己应得的，理所应当地接受了很多别人出于善意的馈赠。但其实仔细想想，你不是将很多值得自己开心的事情拒之门外了吗？生活就是由一件件小事堆砌而成的，但如果我们总是把这些细小的部分一件件抛弃掉，日复一日年复一年，生活不就会坍塌吗？

1. 当老板娘夸"我"时，"我"为什么很开心？

   _____

2. 当老板送了"我"一个包子，我为什么很开心？

   _____

3. 读了这个小故事，你有什么收获呢？

   _____

二、写一写

☆ 习作要求

每一段时光都理应相拥，每一件小事都值得庆祝。我们在经历的每一件小事中，微笑，让我们一起热爱生活吧！以《这件小事值得庆祝》为题，写一篇文章，300 字左右。

☆ 习作方法

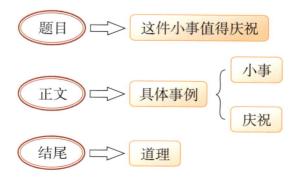

☆习作标准

（1）语句通顺、条理清楚、无错别字，无病句。

（2）在题目中有两个关键词：小事和庆祝。通过对比、动作、心理等描写来写出小事中的不平凡，从而突出主题：热爱生活。

三、想一想

1. "悬梁" "刺股" 的故事的主人公是谁？

2.《前倨后恭》的故事让你有什么感受？

名言警句

1. 书中自有千钟粟，书中自有黄金屋，书中自有颜如玉。（《劝学诗》）

2. 孙敬字文宝，好学，晨夕不休。及至眠睡疲寝，以绳系头，悬屋梁。后为当世大儒。（班固《汉书》）

释　读

1. 通过读书自然可以获取高官，自然可以获得钱财，也自然能够赢得美人芳心。

2. 孙敬字文宝，勤奋好学，从早到晚都不休息。他用一根绳子，一头绑在自己的头发上，另一头绑在房梁上，等到他有时读书疲劳打盹时，头一低，绳子就会牵住头发，把头扯痛，他马上就清醒了，再继续读书学习。他后来成了当代的大儒学家。

三字经

口而诵，心而惟，朝于斯，夕于斯。

昔仲尼，师项橐。古圣贤，尚勤学。

赵中令，读鲁论。彼既仕，学且勤。

披蒲编，削竹简。彼无书，且知勉。

头悬梁，锥刺股。彼不教，自勤苦。

第二十五章　贫苦

1. 买臣负薪

朱买臣家贫，好读书，不治产业，常艾①薪樵，卖以给食，担束薪，行且诵书。其妻亦负戴相随，数止买臣毋歌呕②道中。买臣愈益疾歌，妻羞之，求去。买臣笑曰："我年五十当富贵，今已四十余矣。女③苦日久，待我富贵报女功。"妻恚④怒曰："如公等，终饿死沟中耳，何能富贵？"买臣不能留，即听⑤去。其后，买臣独行歌道中，负薪墓间。故妻与夫家俱上冢⑥，见买臣饥寒，呼饭饮之。后数岁，上⑦拜⑧买臣会稽⑨太守⑩。（《汉书·朱买臣传》）

【释读】

朱买臣家里穷，却喜欢读书，不能够经营、积蓄财物，靠砍柴去卖了来供给饭食，他砍柴卖柴时，一边挑着柴走，一边读书。他的妻子也背着柴跟着他走，多次制止他在路上读书，他越发大声地读。妻子认为这是羞耻的事，请求离他而去。朱买臣说："我五十岁时一定会取得富贵，现在已经四十多岁了。你也（跟着我）受了不少苦，等我富贵了，一定报答你。"他的妻子怨恨地说："像你这样，最终一定会饿死沟中，怎能得到富贵呢？"朱买臣不能留下她，只好让她离开。从这以后，朱买臣独自在路上读书，到墓旁背柴。他原来的妻子和她现在的丈夫来上坟，看见朱买臣饥寒交迫，喊他去吃饭。过了几年，皇帝任命朱买臣为会稽太守。

【注释】

①艾：通假字，即"刈"（yì），割取，收获，此处指"割草"。

②呕：通假字，即"讴"（ōu），唱。

③女：通假字，即"汝"，第二人称"你"。

④恚：音huì，怨恨。

⑤听：听任。

⑥上冢：冢，音zhǒng，亦称"上墓"，俗称"上坟"，皇家则称"上陵"。即祭扫先人陵墓，表示纪念。

⑦上：皇帝。

⑧拜：授予官职。

⑨会稽：会（kuài）稽郡，中国古代郡名，位于长江下游江南一带。

⑩太守：官名，一郡的最高行政长官。

2. 衣锦还乡

上谓买臣曰:"富贵不归故乡,如衣①锦②夜行,今子③何如?"买臣顿首辞谢④。会稽闻太守且⑤至,发⑥民除⑦道,县吏并送迎,车百余乘。入吴⑧界,见其故妻、妻夫治道⑨。买臣驻⑩车,呼令后车载其夫妻,到太守舍,置园中,给⑪食之。居一月,妻自经⑫死,买臣乞⑬其夫钱,令葬。悉如见故人,与饮食。诸尝有恩者,皆报复⑭焉。(《汉书·朱买臣传》)

【释读】

皇上对他说:"富贵后不回家乡,如同穿着锦绣衣服在夜晚走路并没有人知道。你现在富贵了,有何打算?"朱买臣叩头致谢。会稽郡听说太守将要到任,忙派百姓清理道路。各县官吏都出来迎送,迎送的马车就有一百多辆。朱买臣进入吴县地界,遇见他的前妻正与丈夫清理道路。朱买臣让车子停下,指令后面的车子载上这对夫妻。到了太守官邸,将他们安置在郡府的大院里,供给他们吃喝。过了一个月,朱买臣的前妻自缢而死。朱买臣给她丈夫钱,让他安葬妻子。朱买臣把老相识全都召来相见,招待他们吃喝。所有那些曾经对他有恩的人,他都予以报答。

【注释】

①衣:此处动词,穿。
②锦:锦绣。
③子:第二人称尊称。
④辞谢:彬彬有礼地托词拒收。
⑤且:将。
⑥发:征发;征调。
⑦除:打扫。
⑧吴:古地名。在今江苏省南部和浙江省北部,后扩展至淮河下游一带。
⑨治道:修筑、清扫道路。
⑩驻:停留,止住。
⑪给:供给、提供。
⑫自经:上吊自杀。
⑬乞:送。
⑭报复:酬报,报答。

 **识文解字**

字　形	贫　貧　貧　贫
偏　旁	分
字　音	pín
本　义	分掉贝（钱），即贫穷。
引申义	缺少，贫穷的人。
相关字	贪、财。
词　语	贫困：贫穷困难。 贫贱：穷困又社会地位低。
成　语	一贫如洗：贫穷得像被水冲洗过一样，什么也没有。形容极端贫穷，一无所有。 贫病交加：贫穷和疾病一起压在身上。

 融通运用

一、读一读

逼自己进步，逼自己成功

记得很小的时候，每天放学回家，家人总是问，"今天老师教了什么呀？"随着年龄的增长，这些话语越来越少听到，现在的你，每天都会问自己"今天新学了些什么东西吗？"

哥伦布是凭着"信心"才发现新大陆，而不是凭着航海图呀！我们也是一样，必须有信心，才能够做出一番事业，因为"自信心，是一切成就的起点！"

所以，许多棒球专家都同意——"得分总在二出局之后才开始！"只要不放弃信念与希望，再努力试试看，相信一定会有峰回路转、起死回生的契机！

翻阅许慎的《说文解字》："一口田"旁边有神的保佑，是"福至心灵"的"福"字。至于"一口田"上面加个屋顶，表示有房有田，是"大富由天"的"富"字。但是"一口田"长了脚，要你行动，要你进取，去得到生活上的经济需求，那就是富贵"逼"人的"逼"字。

一个登山者，跳过一条他平常绝不敢跳的深沟，因为有只野兽逼。

念书的学生，每天放学不想做功课，还得做，因为师长逼。

上班的人，礼拜一早上不想去，还得去，因为生活逼。

一个在家不入厨房的人，留学在外，居然烧得一手好菜，因为环境逼。

所幸世界上有"逼"这件事，我们才能超越自己，完成超人才做得到的事。

而所谓的成功，是个"相对值"而非"绝对值"。你可以与昨天的自己比较，与一个月前的自己比较，与一年前的自己比较，但不管如何比较，出于自动自发、心甘情愿才是朝成功路迈进的真实动力。

失败的人——什么都不做；一般的人——只做这一点；成功的人——多做一点点；顶尖的人——再多做一点。

"再多一点努力，就多一点成功！"听过"百分之一百二十哲学"吗？就是"百分百的努力"之后，还要加上"百分之二十的勉强"！只要付出更多，回收自然会更大！

老子说："胜人者有力，自胜者强。勉励务之必有喜。"可见成功不全然是自动自发的想法，遇到困难，遇到挫折，学那些成功的人，多做一点点；向顶尖的人看齐，再多做一点！逼自己进步，只有超越自己，才有可能超越别人。逼自己克服困难，坚忍图强，这便是逼自己解决人生的问题，迈向成功之道！

1. 短文说了哪几件被"逼"的例子？简单说一说。

_____

2. 什么是成功的"相对值"呢？用"＿＿"勾出短文中能帮助你理解的句子。

_____

3. 读了这篇短文，你对"成功"有了什么新的理解？

_____

二、写一写

☆习作要求

努力不一定会成功，但是不努力一定不会成功，每天进步一点点，就会有所收获，请以《我进步了》为题写一篇作文，300字左右。

☆习作方法

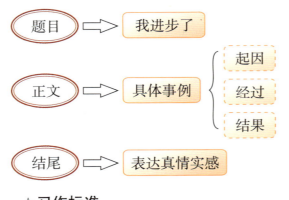

☆习作标准

（1）语句通顺，条理清楚，无错别字，无病句。

（2）运用动作和心理描写把使自己进步的事情的经过写清楚。

（3）表达出因为进步而喜悦的积极向上的人生态度。

名言警句

1. 季子不礼于嫂，买臣见弃于妻。（欧阳修）

2. 子曰：君子谋道不谋食。耕也，馁在其中矣；学也，禄在其中矣。君子忧道不忧贫。（《论语》）

释读

1. 苏秦不被嫂子礼遇，朱买臣被妻子抛弃。

2. 孔子说：君子用心求道而不费心思去求衣食。即使你亲自去耕田种地，难保不饿肚子；努力学道义，却可以得到俸禄。所以，君子只担忧学不到道义，不担忧贫穷。

三、想一想

通过苦读实现了梦想"衣锦还乡"的朱买臣并没有为难抛弃他的前妻，你认为他的前妻自杀是因为什么原因？

🔶 三字经 🔸🔸🔸

如囊萤，如映雪。家虽贫，学不辍。

如负薪，如挂角。身虽劳，犹苦卓。

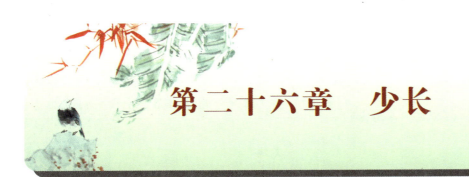

第二十六章　少长

 经典溯源

1. 苏洵焚稿

苏洵，年二十七始发愤为学，岁余举①进士②，又举茂才③异等④，皆不中。悉⑤焚常所为文，闭户益读书，遂通《六经》、百家之说，下笔顷刻数千言。至和、嘉祐间，与其

【释读】

苏洵二十七岁的时候开始发愤学习，但在参加进士、秀才及特殊才学的考测中，都没有考中，于是苏洵将自己以前的文章全部焚烧，关门闭户苦读诗书，终于精通六经及百家之说，达到了一下笔顷刻就有几千句话的境地。至和、嘉祐年间，

【注释】

①举：科举取士。此处指参加科举考试。

②进士：隋唐科举考试设进士科，录取后为进士。明清时称殿试考取的人。

③茂才：即秀才。东汉时，为了避讳光武帝刘秀的名字，将秀才改为茂才，后来有时也称秀才为茂才。

④异等：超出一般，特等。

⑤悉：尽、全。

二子轼⑥、辙⑦皆至京师，翰林学士⑧欧阳修⑨上其所著书二十二篇，既出，士大夫争传之，一时学者竞效苏氏为文章。(《宋史·苏洵传》)

苏洵和他的两个儿子苏轼、苏辙一同来到京师，翰林学士欧阳修将他们父子三人所做的二十二篇文章上呈给朝廷，朝廷将这些文章刊印出来之后，士大夫们争相传阅，一时间，学者们写文章都仿效苏氏文风。

【注释】

⑥轼：苏轼，字子瞻，又字和仲，号东坡居士，世称苏东坡、苏仙。汉族，眉州眉山（今属四川省眉山市）人，北宋文学家、书法家、画家。

⑦辙：苏辙，字子由，一字同叔，晚号颍滨遗老，眉州眉山（今属四川）人，北宋文学家、诗人、宰相，"唐宋八大家"之一。

⑧翰林学士：官名。

⑨欧阳修：字永叔，号醉翁、六一居士，吉州永丰（今江西省吉安市永丰县）人，北宋政治家、文学家，且在政治上负有盛名。

2. 映炭夜读

莹年八岁，能诵《诗》、《书》；十二，为中书①学生。好学耽②书，以昼继夜，父母恐其成疾，禁之不能止。常密于灰中藏火，驱逐僮仆，父母寝睡之后，燃火读书，以衣被蔽塞③窗户，恐漏光明，为家人所觉。由是声誉甚盛，内外亲属呼为"圣小儿"。尤好属④文，中书监高允每叹曰："此子才器，非诸生所及，终当远至。"……以才名拜太学博士。（《魏书·列传第七十》）

【释读】

祖莹八岁的时候能够背诵《诗》《书》，十二岁时是中书的学生。喜欢学习，迷恋读书，日日夜夜地学习，他的父母害怕他会生病，禁止他读书但是并不能够使他停止读书。他经常偷偷地在暗地里藏着蜡烛，赶走童仆，等到父母睡着之后，点燃蜡烛读书，用他的衣服遮盖窗户，害怕漏光，被家里人发觉。因为这件事情他的声誉更加被传开了，里里外外的亲属都叫他圣小儿。他特别喜欢写文章，中书监高允每次感叹说："这个孩子的才能不是大多数人能够达到的，最终会大有作为的。"后来祖莹凭借才华被朝廷授予太学博士的官职。

【注释】

①中书：即中书监，中国古代职官名。曹魏文帝曹丕始置，与中书令职务相等而位次略高。
②耽：音 dān，沉溺，入迷。
③蔽塞：遮蔽、堵塞。
④属：音 zhǔ，缀辑，撰写。

识文解字

字　形	𣂇　𣂇　𣂇　效		
偏　旁	攵		
字　音	xiào		
本　义	左为两腿相交正面站立的人，右为拿着教鞭的手。手拿教鞭逼迫学生学习。 模仿、学习，效法，仿效。		
引申义	效果（效法的结果），献出力量。		
相关字	教、牧。		
词　语	效仿：仿照别人的做法去做，学习别人的长处 效力：出力，效劳，事物所产生的作用。		
成　语	东施效颦：效，仿效；颦，皱眉头。比喻胡乱模仿，效果极坏。 上行下效：上级或长辈怎么做，下级或晚辈就跟着学（多含贬义）。		

 融通运用

一、读一读

是否让你失望了？

有些人、有些话，可能说过做过的人已经不记得了，但是有人会始终记得。尤其是在某一时刻，这些话救赎或者支撑了一颗脆弱的灵魂。

"这孩子反应太快，你要是管好了他能成个人才，管不好将来可能会是麻烦。"在我不曾有记忆的时候，外公如此告诫母亲，于是，我有了一个外人玩笑中"不是亲生的"的童年。

小学毕业时漂亮的丹凤眼付老师送给我两个笔记本，其中一个扉页上写着"学习要靠自己勤，老师只是搭桥人"，另一个写着"早起的鸟儿有虫吃"。

初中毕业后教语文的牟老师托人带给我一本词语词典。

我考上大学了，多年未见的初中班主任孙老师托人将一床毛巾被送到我家，这床毛巾被伴随我度过了大学四年时光。

上大学时，面对一无所知的大都市生活，外公鼓励我说："除了少数天才，大多数人的智力都差不多，虽然有的偏高一点有的偏低一点，影响一个人成功的关键还在于毅力和方法。你属于智力偏高一点的，只要勤奋和坚持，总会有收获。"

保送研究生了，大学班主任哈老师说："你是一个愿意付出的人，你要相信这个世界是公平的，只要坚持，你的付出就会有回报。"

长到三十岁，他说"要能容人"，于是我做对了很多事。

昨天跟一位初次见面的长者聊天，我说到自己脸皮厚、不记仇，长者笑笑说："听了这么多，其实你不是脸皮厚、不记仇，你是做人简单、宽容和有责任，山东姑娘，你可真实诚。"

跟一个朋友说起小时候最羡慕学习成绩差的人，朋友不理解，我说："如果我从一开始就是学习差，他们就会坦然接受了，对我不抱很大希望了，可是我一开始学习好，要是以后不好了，他们该有多失望啊，所以从小我就羡慕学习差的人，别人对他没太大的期望，他就不会让别人特别的失望。"要强如我，从小便是这样，所以，一路走来我倍感压力。

每一次当我想起这么多年，这么多人对我的鼓励和关怀，于心有愧。那些一直看好我的人，现在的我，是否让你们失望了？

1. 在"我"的成长过程中，都有哪些人给了我鼓励和关怀？

_____

2. 这些人对"我"说了哪些鼓励的话？

_____

3. 读了这些鼓励的话，你认为"我"是一个怎样的人？

_____

二、写一写

☆习作要求

生活中，有令人难忘，高兴，值得庆祝的事情，也有让人失望的事，请以《这件事让我真失望》为题写一篇作文，300 字左右。

☆习作方法

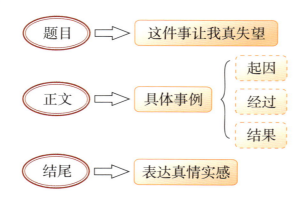

☆习作标准

（1）语句通顺，条理清楚，无错别字，无病句。

（2）运用满心期待和失望透顶的对比来突出中心：失望的难受。

（3）描写方法：动作和语言（紧紧围绕中心写）。

（4）小窍门：在文章的结尾提出自己的想法，让真实的内心在文章中尽情地抒发吧。

三、想一想

年长如苏洵，年少如祖莹，贫苦如朱买臣，卑微如苏秦，都在发奋学习，都通过学习改变了自己的命运。学习，任何时候开始都不迟。反思一下，

名言警句

1. 方若行义，圆若用智。动若骋才，静若得意。（李泌）

2. 锲而舍之，朽木不折；锲而不舍，金石可镂。（荀子《劝学》）

释　读

1. 一个人坚持原则让人感觉他正义凛然，一个人圆滑妥协却让人感到他智慧圆融；一个人行为张扬却让人感觉他在施展才华，一个人沉静安然却让人感觉他意趣随心。（原则性与灵活性相结合，明思慎行的体现。）

2. 雕刻却放弃，即使是腐朽的木头也不能折断。雕刻又坚持不懈，就算是金属、玉石也可以雕出花饰。

你找过哪些借口逃避学习？

三字经

苏老泉，二十七。始发愤，读书籍。

彼既老，犹悔迟。尔小生，宜早思。

若梁灏，八十二。对大廷，魁多士。

彼既成，众称异。尔小生，宜立志。

莹八岁，能咏诗。泌七岁，能赋棋。

彼颖悟，人称奇。尔幼学，当效之。

第二十七章　才女

经典溯源

1. 辨^①琴书^②典^③

邕^④夜鼓琴，弦绝^⑤。琰曰："第二弦。"邕曰："偶得之耳。"故^⑥断一弦问之，琰曰："第四弦。"并不差谬。（《幼童传》）

操^⑦因问曰："闻夫人家先多坟籍^⑧，犹能忆识之不？"文姬曰："昔

【释读】

蔡邕在晚上弹琴，琴弦断了一根。蔡文姬说："是第二根琴弦断了。"蔡邕说："这是碰巧说对罢了。"就故意弄断了一根琴弦，又问她是第几根断了，蔡文姬回答说："是第四根弦断了。"并没有一点误差错误。

曹操就问她说："听说夫人的家中，祖先有很多藏书，你还记得多少？"文姬

【注释】

①辨：辨别。

②书：书写、记载。

③典：典籍。

④邕：蔡邕（yōng）（133年—192年），字伯喈。东汉时期著名文学家、书法家，才女蔡文姬之父。

⑤绝：断。

⑥故：故意。

⑦操：即曹操（155年—220年3月15日），字孟德，一名吉利，小字阿瞒，东汉末年杰出的政治家、军事家、文学家、书法家，三国中曹魏政权的奠基人。

⑧坟籍：古代典籍。

亡父赐书四千许卷，流离涂炭⑨，罔⑩有存者。今所诵忆，裁⑪四百余篇耳。"操曰："今当使十吏⑫就⑬夫人写之。"文姬曰："妾闻男女之别，礼不亲授。乞给纸笔，真草⑭唯⑮命。"于是缮书⑯送之，文无遗误。

（《后汉书·列女传》）

说："过去我的父亲赐给我的书本多达四千多卷，经过颠沛流离，战火纷飞，到现在已经很少有藏书了，我现在所能记住的不过四百多篇而已。"曹操说："现在让十个官吏帮夫人笔录。"文姬说："我听说男女有别，不宜亲自传授，希望你能给我纸和笔，用楷书或草书您吩咐就可以，我自己来默写。"于是默写出了书卷送给曹操，一点遗漏和错误都没有。

【注释】

⑨涂炭：泥淖和炭灰，此处指"蹂躏、摧残"。

⑩罔：音 wǎng，无，没有。

⑪裁：即"才"。

⑫吏：官员或官府里当差的人。

⑬就：接近、靠近。

⑭真草：真书（即楷书）和草书。

⑮唯：只。

⑯缮书：缮，音 shàn，工整地抄写。

2. 咏絮之才

凝之①妻谢氏，字道韫，聪识有才辩。尝内集，俄而雪骤下，叔父安②曰："何所似也？"安兄子朗曰："撒盐空中差可拟。"道韫曰："未若柳絮因风起。"安大悦。

凝之弟献之尝与宾客谈议，词理将屈，道韫遣婢白③献之曰："欲为小郎解围。"乃施青绫步鄣④自蔽⑤，申⑥献之前议，客不能屈⑦。

（《晋书·列女传》）

【释读】

王凝之的妻子姓谢，字道韫，聪明，有见识有才华，能言善辩。一次叔父谢安曾经把家人聚会在一起，忽然间，雪下得紧了，谢安问："这大雪像什么呢？"谢安哥哥的儿子谢朗说："跟把盐撒在空中差不多。"谢道韫说："不如比作柳絮乘风飞舞。"谢安听了非常高兴。

王凝之的弟弟王献之曾经与客人谈论诗文，将要理屈词穷了，谢道韫叫婢女告诉王献之说："想替小兄弟解围。"于是放置青绫屏障把自己遮挡起来，陈述王献之前面的议论，客人不能使她理亏。

【注释】

①凝之：指王凝之，大书法家王羲之的第二个儿子，做过江州刺史、左将军、会稽内史等。
②安：指谢安。
③白：说，陈述。
④步鄣：鄣，音 zhāng，同"障"。用以遮蔽风尘或视线的一种屏幕。
⑤蔽：遮蔽、遮挡。
⑥申：陈述、说明。
⑦屈：理亏。

识文解字

字 形	𦥑 𦥫 𰯗 學 学
偏 旁	子 𠃟 𡿧 𡿧 子 本义：婴儿引申义；儿子，男子尊称、美称。
字 音	xué
本 义	一只手（即一个人）教另一只手（即另一个人，孩童）结网。获得知识、技能。学习。
引申义	学问，学校。
相关字	孕、乳。
词 语	学识：学问和见识，学术上的知识和修养。 学风：学校、学术界或一般学习方面的风气。
成 语	饱学之士：学识渊博的人。 博学多闻：学识广博，见闻丰富。

 融通运用

一、读一读

一代才女林徽因

林 杉

阳光正在窗户上泼洒着桔黄色的写意。林徽因用目光寻找着那一对靛蓝色的小鸟，它们在窗外的竹梢上跳着、唱着，仿佛从唐诗中飞来的鸟儿，阳光梳理着它们轻灵的羽毛。有时它们便跳到窗台上来，在这个狭长的窄窄的舞台上蹁跹着。

林徽因多么羡慕窗外的一切，羡慕在窗台上舞蹈的小鸟，她也需要那么一小点儿平凡而简单的欢乐。而此刻，她却只能躺在病床上，一任阳光在窗棂上涂抹着晨昏。

从大足考察回来之后，因劳累又受了风寒，她的肺病再次复发，连续几周，高烧四十度不退。上坝村无医无药，梁思成去李庄镇请来史语所的医生为她诊治。无奈之下，他也学会了打针。

林徽因吃得很少，身体日渐消瘦，几乎不成人形，但她仍然以书为伴，雪莱和拜伦的诗伴她挨过沉默、孤寂的时光。那些诗句，一个字一个字地在她的心里生长着：你那百折不挠的灵魂——／天上和人间的暴风雨／怎能摧毁你的果敢和坚忍！／你给了我们有力的教训：／你是一个标记，一个征象，／标志着人的命运和力量；／和你相同，人也有神的一半，／是浊流来自圣洁的源泉。

当她觉得自己的生命快要耗尽的时候，她便从这些诗句中，重新汲取到了力量，如同一个在沙漠里跋涉太久的旅人，惊喜地发现了甘泉和绿洲。

病情稍微好些的时候，林徽因便躺在小帆布床上整理资料，做读书笔记，为梁思成写作《中国建筑史》作准备。那张小小的帆布床周围总是堆满了书籍和资料。

窗子外面的景色变幻着，田野重新勃发生机。雨后的甘蔗林，可以听到清脆的拔节的声音，那声音如火苗般燃烧着。棒棒鸟照旧是窗台上的客人，它们洞悉所有季节的秘密。林徽因把她的诗句写在纸上的时候，阳光仍旧在窗户上泼洒着桔黄色的写意。

1. 下列表述不符合文章原意的两项是（   ）

   A. 文章的开头和结尾描写了阳光的明艳、小鸟的欢乐、甘蔗拔节的清脆声，这些充满生机和活力的景物表现了林徽因对命运的抗争和对生命的热爱与渴望。

   B. 从大足考察回来后，林徽因因劳累、风寒，肺病再次复发，连续几周，高烧四十度不退。说明野外考察工作是艰苦而危险的。

   C. 更多的时候，林徽因以书为伴，书籍伴她挨过沉默、孤寂的时光，从这些书籍中她重新汲取到了力量。

    D. 病情稍微好些的时候，林徽因便躺在小帆布床上整理资料，做读书笔记，那张小小的帆布床周围总是堆满了书籍和资料，为她写作《中国建筑史》作准备。

2. 在林徽因最艰难的日子里，是什么支撑她走过这一段人生之路的？举例说说。

_____

3. 林徽因在当时有着怎样的遭遇？在她与命运的抗争中，表现出了哪些可贵的品质？

_____

二、写一写

    ☆习作要求

    女娲在创造人类的时候，就将人类分为男孩和女孩，男孩和女孩身上都有不一样神奇的特长，是你不能做到的。如果你是女孩，你羡慕男孩子哪些技能呢？如果你是男孩，你又羡慕女孩子哪些技能呢？请以《我真羡慕他（她）》为题写一篇作文，300字左右。

    ☆习作方法

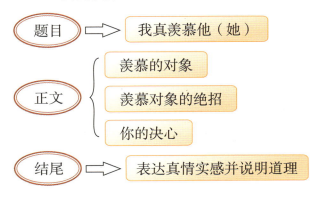

题目 ⟹ 我真羡慕他（她）

正文 { 羡慕的对象 / 羡慕对象的绝招 / 你的决心 }

结尾 ⟹ 表达真情实感并说明道理

（1）语句通顺，条理清楚，无错别字，无病句。

（2）小窍门：羡慕和绝招是缺一不可的。运用心理描写表达羡慕的心情，运用动作描写说明绝招的独特性。

（3）点明中心：想成为这样的人必须通过努力。

三、想一想

将蔡文姬和谢道韫的故事讲给家长听，"彼女子，且聪敏，尔男子，当自警"。思考一下，从这句话中你读到了哪些含义？

▌ 三字经 ▌ ●●●

蔡文姬，能辩琴。谢道韫，能咏吟。

彼女子，且聪敏。尔男子，当自警。

第二十八章　诫勉

经典溯源

1. 卧薪尝胆

吴既赦越，越王勾践反①国，乃苦身焦思，置胆②于坐③，坐卧即仰胆，饮食亦尝胆也。曰："女④忘会稽之耻邪⑤？"身自耕作，夫人自织，食不加肉，衣不重采⑥，折节⑦下贤人，厚遇⑧宾客，振⑨贫吊⑩死，与百姓同其劳。

【释读】

吴王赦免了越王，勾践回国后，深思熟虑，苦心经营，把苦胆挂到座位上，坐卧即能仰头尝尝苦胆，饮食也尝尝苦胆。还说："你忘记会稽的耻辱了吗？"他亲身耕作，夫人亲手织布。吃饭从未有荤菜，从不穿有多重颜色的华丽衣服，对贤人彬彬有礼，能委曲求全，招待宾客热情诚恳，能救济穷人，悼慰死者，与百姓共同劳作。

【注释】

①反：通"返"。
②胆：苦胆。
③坐：通"座"。座位。
④女：即"汝"，第二人称代词。
⑤邪：音 yé，通"耶"，句末疑问语气词。
⑥重采：多重颜色的华美衣服。
⑦折节：委屈自己、放低自己礼待他人。
⑧厚遇：厚加礼遇。
⑨振：救济。
⑩吊：表示祭奠死者或对遭到丧事的人家、团体给予慰问。

勾践自会稽归七年，拊循^⑪其士民，欲用以报^⑫吴。……其后四年，越复伐吴。吴士民罢弊^⑬，而越大破吴。(《史记·越王勾践世家》)

勾践从会稽回国后七年，始终抚慰自己的士兵百姓，想以此找吴国报仇。……这以后四年，越国又攻打吴国。吴国军民疲惫不堪，越国大败了吴军。

【注释】

⑪拊循：拊，音 fǔ，同"抚"。安抚，抚慰。
⑫报：报复。
⑬罢弊：罢，音 pí，同"疲"。疲惫不堪，困乏劳累。

2. 和氏璧

楚人和氏得璞①于楚山中，奉②而献之于厉王。厉王使玉人相③之，玉人曰："石也。"王以和为诳④，而刖⑤其左足。及厉王薨⑥，武王即位，和又奉其璞而献诸武王。武王使玉人相之，又曰："石也。"王又以和为诳而刖其右足。武王薨，文王即位，和乃抱其璞而哭于楚山之下，三日三夜，泣尽而继之以血⑦。王闻之，使人问其故，曰："天下之刖者多矣，子奚⑧哭之悲也？"和曰："吾非悲刖也，悲夫宝玉而题⑨之以石，贞士⑩而名之以诳，此吾所以悲也。"王乃使玉人理⑪其璞而得宝玉也，遂命名曰"和氏璧"。（《韩非子》）

【释读】

楚国人卞和，在楚山中获得了璞玉，把它奉献给了厉王。厉王让雕琢玉器的人鉴别它，雕琢玉器的人说："这是石头。"厉王认为卞和在说谎，而砍去了他的左足。等到厉王驾崩了，武王即位，卞和又把璞玉献给那位武王。武王让雕琢玉器的人鉴别它，又说："这是石头。"武王又认为卞和在说谎，而砍去了他的右足。武王驾崩了，文王即位，卞和抱着他的璞玉在楚山下哭，三天三夜，眼泪流尽接着流出血来。文王听到后，派人问他原因，说："天下受到刖刑的人很多，为什么唯独你哭得这么伤心？"卞和说："我不是为被砍掉脚伤心，我是因为宝玉而被视为石头，忠贞的人被认为是说谎的人而哭泣。"文王于是派雕琢玉器的人剖开他的璞玉，果然得到宝玉，于是把这块玉命名为"和氏璧"。

【注释】

①璞：音 pú，含玉的矿石，未经雕琢的玉。
②奉：双手敬捧。
③相：鉴别，察看。
④诳：音 kuáng，诳，欺骗。
⑤刖：音 yuè，即砍掉足。封建社会极其残酷的刑罚。
⑥薨：音 hōng，周代诸侯死称作薨。
⑦继之以血：即以血继之，以血来接着泪。
⑧奚：为什么。
⑨题：评断。
⑩士：忠贞之士。
⑪理：雕琢，整治。

识文解字

字　形	酿	
偏　旁	酉　〔甲骨文、金文、小篆、楷体字形〕 本义：酒瓶。假借义：地支第十位。"酉时"，十七点到十九点。	
字　音	niàng	
本　义	发酵制作；酒。	
引申义	慢慢形成；蜜蜂做蜜。	
相关字	醉、酌。	
词　语	酝酿：造酒时发酵的过程。比喻事前做必要的准备工作。 佳酿：美酒，醇酒。	
成　语	酩酊大醉：酩酊，沉醉的样子。形容醉得很厉害。 醉生梦死：像喝醉了酒或在睡梦中一样，比喻糊里糊涂地混日子。	

 融通运用

一、读一读

别轻言放弃，成功只差那一点点坚持

　　游乐场要扩建，不知从哪里运来一块巨石。一个石匠一手拿着凿子，一手拿着锤子，"叮叮当当"地要把巨石一分为二。石匠每一锤下去，巨石上只出现一个小白点。我在想，这还不等到猴年马月啊。第二天，恰巧又路过那。巨石从上到下，已被石匠凿了深深的一道沟。我赞叹石匠的耐力，我欣赏石匠持之以恒的信心。我被石匠的精神感动着，用不了明天，老石匠一定能把巨石凿开。

　　成功人士都有这样的体会：他们只是努力地坚持了他们所坚持的事业。在关键的时候，他们只是比常人多坚持了那么一点点。

　　坚持做好每一个细节。

闻鸡起舞的祖逖，卧薪尝胆的勾践，锥刺股的苏秦，头悬梁的孙敬，他们也只是比别人多付出了一点点，多坚持了几年。

千淘万漉虽辛苦，吹尽狂沙始到金。

唐僧西天取经是人们耳熟能详的故事。唐三藏历经磨难，每次难关，都是在他虔诚的坚持下渡过劫难。各色美女，频频诱惑，也在他心无旁骛的坚持下，失去了魅力，终于取回了真经。

坚持自己的信念，是走向成功的基石。

愚公，带领一家大小，每日挖山不止。一个月下来，不见有什么明显的进度；一年下来，也没看出有多大的成效。但是，愚公仍在坚持。还说：子又生孙，孙又生子，子子孙孙，越生越多。而山呢，不但不长，挖掉一铲就会少一铲，只要坚持下去，肯定能把山铲平。

有人怀着追悔莫及的心，无数次地问自己：为什么当初自己就没有咬咬牙，再坚持一会儿？只差那么一点点，为什么就没有挺过来？！

坚持，只是再多坚持一点点！

别轻言放弃，请你再坚持那么一点点……

1. 短文讲了几件"成功人士不轻言放弃"的事情？分别说一说？

_____

2. 对比石匠和愚公的行为，你觉得有什么相同的地方？

_____

3. 读了这篇短文，你有什么收获？

_____

二、写一写

☆习作要求

好好学习一天，很简单，持久学习才能真正考验孩子。有没有一件事，是你能坚持一个月甚至更长时间的，请以《学会坚持》为题写一篇作文，300字左右。

☆习作方法

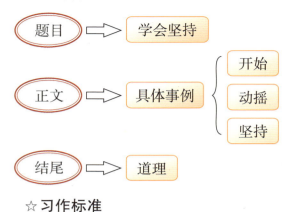

题目 ➡ 学会坚持

正文 ➡ 具体事例 {开始 动摇 坚持}

结尾 ➡ 道理

☆习作标准

（1）语句通顺，条理清楚，无错别字，无病句。

（2）你是如何持续完成的，非常重要，请运用动作、语言和心理的描写方法来突出重点。

（3）说明道理：坚持的重要性。

三、想一想

卞和能不能避免他的悲惨遭遇？你能不能避免和氏璧的悲剧发生在自己身上？如何避免？

三字经

唐刘晏，方七岁。举神童，作正字。

彼虽幼，身已仕。尔幼学，勉而致。

有为者，亦若是。

犬守夜，鸡司晨。苟不学，曷为人。

蚕吐丝，蜂酿蜜。人不学，不如物。

幼而学，壮而行。上致君，下泽民。

扬名声，显父母。光于前，裕于后。

人遗子，金满籯。我教子，唯一经。

勤有功，戏无益。戒之哉，宜勉力。

三字经

人之初，性本善。性相近，习相远。

苟不教，性乃迁。教之道，贵以专。

昔孟母，择邻处。子不学，断机杼。

窦燕山，有义方。教五子，名俱扬。

养不教，父之过。教不严，师之惰。

子不学，非所宜。幼不学，老何为。

玉不琢，不成器。人不学，不知义。

为人子，方少时。亲师友，习礼仪。

香九龄，能温席。孝于亲，所当执。

融四岁，能让梨。弟于长，宜先知。

首孝悌，次见闻。知某数，识某文。

一而十，十而百。百而千，千而万。

三才者，天地人。三光者，日月星。

三纲者，君臣义，父子亲，夫妇顺。

曰春夏，曰秋冬，此四时，运不穷。

曰南北，曰西东，此四方，应乎中。

曰水火，木金土，此五行，本乎数。

稻粱菽，麦黍稷，此六谷，人所食。

马牛羊，鸡犬豕，此六畜，人所饲。

曰喜怒，曰哀惧，爱恶欲，七情具。

匏土革，木石金，丝与竹，乃八音。

高曾祖，父而身，身而子，子而孙，

自子孙，至玄曾，乃九族，人之伦。

父子恩，夫妇从，兄则友，弟则恭，

长幼序，友与朋，君则敬，臣则忠，

此十义，人所同。

凡训蒙，须讲究。详训诂，明句读。

为学者，必有初。小学终，至四书。

论语者，二十篇，群弟子，记善言。

孟子者，七篇止，讲道德，说仁义。

作中庸，子思笔，中不偏，庸不易。

作大学，乃曾子，自修齐，至平治。

孝经通，四书熟，如六经，始可读。

诗书易，礼春秋，号六经，当讲求。

有连山，有归藏，有周易，三易详。

有典谟，有训诰，有誓命，书之奥。

我周公，作周礼，著六官，存治体。

大小戴，注礼记，述圣言，礼乐备。

曰国风，曰雅颂，号四诗，当讽咏。

诗既亡，春秋作，寓褒贬，别善恶。

三传者，有公羊，有左氏，有谷梁。

经既明，方读子，撮其要，记其事。

五子者，有荀扬，文中子，及老庄。

经子通，读诸史，考世系，知终始。

自羲农，至黄帝，号三皇，居上世。

唐有虞，号二帝，相揖逊，称盛世。

夏有禹，商有汤，周文武，称三王。

夏传子，家天下，四百载，迁夏社。

汤伐夏，国号商，六百载，至纣亡。

周武王，始诛纣，八百载，最长久。

周辙东，王纲坠，逞干戈，尚游说。

始春秋，终战国，五霸强，七雄出。

嬴秦氏，始兼并，传二世，楚汉争。

高祖兴，汉业建，至孝平，王莽篡。

光武兴，为东汉，四百年，终于献。

魏蜀吴，争汉鼎，号三国，迄两晋。

宋齐继，梁陈承，为南朝，都金陵。

北元魏，分东西，宇文周，与高齐。

迨至隋，一土宇，不再传，失统绪。

唐高祖，起义师，除隋乱，创国基。

二十传，三百载，梁灭之，国乃改。

梁唐晋，及汉周，称五代，皆有由。

炎宋兴，受周禅，十八传，南北混。

辽与金，帝号纷，逮灭辽，宋犹存。

至元兴，金绪歇，有宋世，一同灭。

并中国，兼戎狄，明太祖，久亲师，

传建文，方四祀，迁北京，永乐嗣，

迨崇祯，煤山逝。

清世祖，膺景命，靖四方，克大定。

至宣统，乃大同，十二世，清祚终。

读史者，考实录，通古今，若亲目。

口而诵，心而惟，朝于斯，夕于斯。

昔仲尼，师项橐，古圣贤，尚勤学。

赵中令，读鲁论，彼既仕，学且勤。

披蒲编，削竹简，彼无书，且知勉。

头悬梁，锥刺股，彼不教，自勤苦。

如囊萤，如映雪，家虽贫，学不辍。

如负薪，如挂角，身虽劳，犹苦卓。

苏老泉，二十七，始发愤，读书籍。

彼既老，犹悔迟，尔小生，宜早思。

若梁灏，八十二，对大廷，魁多士。

彼既成，众称异，尔小生，宜立志。

莹八岁，能咏诗，泌七岁，能赋棋。

彼颖悟，人称奇，尔幼学，当效之。

蔡文姬，能辩琴，谢道韫，能咏吟。

彼女子，且聪敏，尔男子，当自警。

唐刘晏，方七岁，举神童，作正字。

彼虽幼，身已仕，尔幼学，勉而致。

有为者，亦若是。

犬守夜，鸡司晨，苟不学，曷为人。

蚕吐丝，蜂酿蜜，人不学，不如物。

幼而学，壮而行，上致君，下泽民。

扬名声，显父母，光于前，裕于后。

人遗子，金满籝，我教子，唯一经。

勤有功，戏无益，戒之哉，宜勉力。

附录2

参考答案 （下册）

第十八章　学习

一、1. 2件事；（1）面对老师的批评，妈妈对儿子撒谎并表扬了他，增强了儿子的自信心。（2）儿子获得成功并告知了真相，母亲感动万分。

2. 母亲不仅没有责骂还赞扬儿子，增强了儿子的自信心。

3. B

三、环境影响、他人引导、自我觉醒。

第十九章　孝悌

一、1. 白莲已经凋谢了，白花瓣小船般散漂在水里，梗上只留下小小的莲蒂，和几根淡黄色的花须。那一朵红莲，昨夜还是菡萏的，今晨却开满了，亭亭地在绿叶中间立着。

2. 因为大荷叶象征着母亲，正是母亲对我们无微不至的关怀，让我们成人成才。

3. 略

三、1. 互相尊重、谦让、照顾。

2. 孝，不是无条件服从，每个人都要有自己的思考。孔子曰：小棰则待过，大杖则逃走。父母如果有过激甚至错误的行为，无伤法律和原则的就勉强委屈自己接受，如果有大错甚至违法行为就要想办法避免或阻止其发生。

第二十章　音乐

一、1. 狗；关键时刻帮助了羊，在狼口中救回了羊的生命。

2. 因为他们开始听到羊呼救的时候，迅速逃离，根本不在乎羊的生命，可是当羊平安无事时，他们又说出了自己想解救的办法，不是真正的朋友。

3. 道理：那些看似远离，实际上时刻关注着你的人，在你快乐的时候，不去奉承你；在你需要的时候，默默为你做事的人，才是真正的朋友。

三、缶（金）、古琴（丝、木）、笛子（竹）、埙（土）、唢呐（金）、葫芦丝（匏）、鼓（革）、磬（石）、编钟（金）

第二十一章　德行

一、1.（1）摊主是一个老伯伯，很瘦很瘦，脸颊深深地凹了下去，眼睛凸出，皮肤被太阳晒得黝黑，正弓着背。（2）背驼得更厉害了，一双手仔细地翻着，早晨的阳光透过细碎的树叶撒进他的满头银丝里。通过对比看出之前的我非常看不起老伯伯，之后的我对老伯伯的愧疚，从而突出中心：信任。

2. 表现了此时的我在还钱和不还钱之间犹豫，最终还是因为老伯伯的信任而践行了自己的承诺。

3. 提示：举例子说明被人信任后，觉得世界是最美好的，内心是最阳光的。

三、1. 楚庄王并不打算找出那个酒后失礼的人；他认为人主、群臣尽情欢乐，有人酒后失礼情有可原；导致"绝缨者"失礼的原因，是自己赐酒使人喝醉；如果为了这件事诛杀功臣，会让群臣认为他重视女人超过重视臣子；他希望维护"绝缨者"的尊严。

2. 提示：从楚庄王把女人和朝臣做对比的角度来思考问题，从事情发生的责任人来思考问题，从事情有可能导致的结果来思考问题，从处理事情的目的的角度来思考问题……

第二十二章　坚持

一、1.（1）半工半读，不远千里读完四书五经并向满腹经纶的学者求学；

（2）参加劳动也不忘学习并取得了第一的好成绩；（3）向同学借来唐诗选本，在吟诵之余将一本书工工整整地抄完了。求学精神值得我们学习。

2. （1）没有钱缴纳学费，得秀才贵人帮助免费学习；（2）在生活压力下，积极劳动并免费入学堂学习；（3）没有书籍，找同学借，并将书籍中的内容工工整整抄下来。

3. 正是因为对学习的热爱，即使生活贫寒也不能放下学习，打动和他有同样信念的贵人相助，再通过自己孜孜不倦的努力，终究成为了伟大的教育家。

三、1. 即使有天赋，没有持续的学习，也会沦为普通人。只追求眼前利益，放弃持续的学习，最终会丧失掉成长机会进而失去所有的利益。

2. 吕蒙出身低微，项羽出身高贵；吕蒙少时无书可读，项羽少时有书不读；吕蒙受启发发奋读书，项羽自以为是不听劝告。

不学习，没有知识没有谋略；不坚持，没有恒心没有毅力。这样的人注定要失败。

成功的关键因素：1. 持续地学习；2. 坚定的意志。

第二十三章　传承

一、1. （1）出差几日不读书，家后一头拱进书房，以解书瘾之困窘；（2）当了解到儿子把自己心爱的书打湿以后，勃然大怒，忍不住要教训儿子。

2. 因为儿子说书被他弄湿了，正在衣柜里阴干。"我"声色俱厉地责备起来，想不到儿子还要反驳，更是火冒三丈。

3. 错误人人都会犯，当儿子发现错误时，没有置之不理，却以一种积极的态度、周全的做法把损失减到最低，这种优秀的品质比一本书要珍贵许多。

三、1. 创作、流传、焚毁、偷藏、重现、传播、流传、战火、讹误、伪作、真假难辨、流传……

2. 细心观察、热爱思考、勤于创作、谦虚学习、勇敢保护、积极传播。

第二十四章　贵贱

一、1. 因为在一个平淡无奇的日子里有人愿意赠予我好心情，让我的心情非常好。

2. 包子店老板娘，不送包子是本分，送了包子是情分，是美好一天的开始。

3. 快乐是自己寻找的，让我们当一位有心人，面对生活中的小事，一样能找到快乐的源泉，用最积极的态度，最热情的生活理念去笑对自己的人生。

三、1. 悬梁是孙敬，刺股是苏秦。

2. 势利是某些人的态度，也是一种社会现象。尽量避免自己成为一个势利的人，任何时候都不要轻视他人，因为每个人都是会发生变化的。如果你被势利的人轻视甚至伤害，不用愤懑，努力改变提升自己就好。

第二十五章　贫苦

一、1.（1）登山者被野兽逼跳过深沟；（2）学生被师长逼做功课；（3）上班的人被生活逼去上班；（4）留学者被环境逼烧得一手好菜。

2. 你可以与昨天的自己比较，与一个月前的自己比较，与一年前的自己比较，但不管如何比较，出于自动自发、心甘情愿才是朝成功路迈进的真实动力。

3. 逼自己进步，逼自己克服困难，坚忍图强，在失败中吸取教训，一步一步离成功就会越来越近。

三、1. 为自己曾经抛弃朱买臣感到羞愧、后悔；

2. 为自己失去了可能的荣华富贵感到痛苦。

第二十六章　少长

一、1. 付老师、牟老师、孙老师、外公、哈老师。

2. 付老师说："学习要靠自己勤，老师只是搭桥人；早起的鸟儿有虫吃。"

外公说："除了少数天才,大多数人的智力都差不多,虽然有的偏高有的偏低一点,影响一个人成功的关键还在于毅力和方法,你属于智力偏高一点的,只要勤奋和坚持,总会有收获。"

哈老师说："你是一个愿意付出的人,你要相信这个世界是公平的,只要坚持,你的付出就会有回报。"

3. 简单又有点不自信的人。

三、略

第二十七章　才女

一、1. B、D

2. 诗歌,让她重新汲取力量。事业,让她抗争命运。

3. 遭遇:劳累过度,疾病缠身,无医无药。

品质:林徽因虽然生活在离乱和贫病交加的困苦中,但却与命运顽强抗争,表现出热爱生活、钟情事业、坚韧不拔、乐观向上的可贵品质。

三、1. 每个人都应该努力学习。

2. 说这话的人有重男轻女思想。

第二十八章　诚勉

一、1. 闻鸡起舞的祖逖,卧薪尝胆的勾践,头悬梁的孙敬,锥刺股的苏秦,唐僧西天取经,愚公移山。

2. 都有坚持的精神,为了实现自己的目标,不管有多大的困难都不怕,都要努力奋斗下去。

3. 坚持、信念、梦想等,言之有理即可。

三、1. 在当时,卞和无法避免他的悲剧。

因为这是一个寓言故事,美玉其实象征的是有才华的人,卞和反复献玉象征着卞和在反复地向君主举荐自己。在古代,有才华的人必须得到帝王的赏识才能有机会施展自己的才华。如果帝王不能发现他的才华，他就只有埋没终身。卞和在受到了两次伤害之后，才获得了帝王的赏识。但他的痛苦和伤害已经没有办法弥补。

古代人才的悲剧就在于，没有公平竞争的机会，除了为帝王所用，也没有其他自由施展才华的领域。

如果在现代，这样的悲剧是很难发生的。因为，在现代社会，可以施展才华的领域非常多，每个人都可以通过自己的努力而获得成功。